대한민국 **20**대
절망의 트라이앵글을 넘어

대한민국 20대, 절망의 트라이앵글을 넘어

지은이 | 조성주
펴낸이 | 김성실
편집기획 | 박남주 · 천경호 · 조성우 · 손성실
마케팅 | 이준경 · 이용석 · 김남숙 · 이유진
편집디자인 | 하람 커뮤니케이션(02-322-5405)
일러스트 | 김지형
제작 | 미르인쇄
펴낸곳 | 시대의창
출판등록 | 제10-1756호(1999. 5. 11)

초판 1쇄 발행 | 2009년 4월 27일
초판 2쇄 발행 | 2009년 5월 18일

주소 | 121-816 서울시 마포구 동교동 113-81 (4층)
전화 | 편집부 (02) 335-6125, 영업부 (02) 335-6121
팩스 | (02) 325-5607
홈페이지 | www.sidaebooks.net

ISBN 978-89-5940-143-7 (03300)
책값은 뒤표지에 있습니다.

88만 원 세대의 희망찾기

대한민국 20대

절망의
트라이
앵글을
넘어

조성주 지음

시대의창

20대가 무너지고 있다

　지금 머리말을 쓰고 있는 중에도 인터넷에는 한 20대 청년이 등록금으로 진 빚 때문에 신용불량자가 되어 자살했다는 기사가 올라왔다. 몇 년 동안 우려했던 일들이 2009년 경제위기 속에서 무서운 현실이 되어 나타나고 있다. 생각보다 빨리 찾아온 20대들의 절망이 탈고과정에서 필자가 알 수 없는 초조함에 시달렸던 이유이기도 하다.

　몇 년 전 이제 막 20대 초반이었던 후배들과 이야기한 적이 있다. 그러다가 그들에게 공통적으로 이상한 점이 있다는 것을 문득 깨달았다. 그것은 내가 만나온 20대들의 상당수가 '병들어' 있었다는 사실이다. '병들어' 있다는 말에 기분 나빠할 이유는 없다. 사람들은 누구나 어느 정도는 병들어 있기 때문이다. 한반도에서 살아가는, 그리고 살아갔던 그 어느 사람이라고 병들지 않았을까.

　한국전쟁과 그 이후에 지독한 가난을 경험했던 이전 세대들도 어느 정도 트라우마를 가지고 있다. 마찬가지로 1960~70년대 강압적인 군부독재의 시절을 보낸 세대들도 또 다른 측면에서 병을 앓고 있을 것이다. 지금은 사회의 주력이 된, 1980년대 민주화운동의 역사를 경험한 386세대들 역시 마찬가지다.

그러나 지금 20대들의 '트라우마'와 '외로움' '스트레스' 같은 것들은 이전 세대, 사실은 이제 막 서른을 갓 넘긴 나의 세대들과도 전혀 다른 차원의 것이다. 그것은 그들이 안고 있는 깊은 트라우마가 지난 1997년 IMF 외환위기를 시작으로 하여 10여 년간 한국 사회에서 벌어졌던 다양하고도 잔인한 정치·경제적 문제들의 집중점 속에서 형성되었기 때문이다.

따라서 현재 한국의 20대들이 겪고 있는 문제를 살펴봄으로써 지금 대한민국의 핵심적인 문제가 무엇이고 그것을 해결하는 것이 한 사회를 더 나은 사회로 만드는 데 왜 중요한지를 알 수 있다. 바로 이 지점이 중요하다고 생각한다.

그나마 세상이 조금 더 나아져야 한다는 믿음을 가지고 뛰어다니고 있던 나에게 이 문제는 쉽게 넘어갈 수 없는 문제였다. 그래서 그들이 앓고 있는 병의 원인을 찾아 헤매기 시작했다. 그리고 그 몇 년간의 결과가 부족함이 많은 이 글이다.

현재 한국 사회에서 20대들이 처해 있는 상황을 신선한 관점으로 분석한 우석훈 교수의 《88만 원 세대》는 주로 '비정규직'이라는 노동의 문제를 통해 20대들의 삶과 처지를 분석해낸다. 필자의 이 책 《대한민국 20대, 절망의 트라이앵글을 넘어》는 20대들이 처해 있는 상황을 분석하면서 그 출발점을 '대학등록금'으로 삼았다.

필자는 현재 한국의 20대들이 겪는 대부분의 문제가 '대학등록금'에서 시작한다고 생각한다. 대학진학률이 83퍼센트에 달하는 현실과 연간 1000만 원에 달하는 고액의 대학등록금을 내야 하는 현실은 전 세계에서 거의 한국에만 있기 때문이다. 대한민국만이 가지고 있는 특별한 문제에서부터 출발해야 한국의 20대들을 이해할 수 있다고 생각했다.

이 책은 '대학등록금'에서 시작해서 '청년실업' 그리고 '20대 탈정치화'라는 오해와 편견을 하나씩 짚어볼 것이다. 그리고 필자가 '절망의 트라이앵글'이라고 이름 붙인 세 가지 문제가 어떻게 한국의 20대들을 병들게 하는지 살펴볼 것이다. 그리고 '짱돌'을 들기보다는 아픔에 공감하고 소통하고 연대하는 것이 중요하다고 주장할 것이다. 그렇게 졸렬한 필자의 글을 통해 독자들이 지금 한국의 20대들이 겪고 있는 문제들을 조금이나마 살펴보게 되었을 때 필자가 바라는 것은 단 하나다. 이제 우리 사회가 대한민국의 20대와 '연대'하자는 것이다.

이 글을 읽을 20대들이 스스로 자기 세대들의 아픔과 고통에 공감하고 연대하기를 희망한다. 그리고 이 글을 통해서 다른 세대들이 한국의 20대들을 이해하고 나아가 그들에게 손 내밀며 '연대'하기를 희망한다. 우리 사회가 좀더 나은 세상, 좀더 진보적인 세상이 되기 위해서 그렇게 해야만 한다고 생각한다.

이 글은 사실 대한민국 20대들의 삶을 매우 우울하게 묘사했다. 그러나 그렇다고 해서 필자가 대한민국의 20대들에게 희망을 가지고 있지 않다는 것은 아니다. 아주 솔직하게 말하면 필자는 지금 한국의 20대들이 겪는 문제가 2009년 지금 시점에서 대한민국에 존재하는 가장 첨예하고 날카로운 모순이라고 생각한다. 글에서 살펴보겠지만 '대학등록금'이 그렇고 '청년실업'이 그렇다. 20대들을 둘러싸고 있는 '탈정치화'라는 이상한 주장들도 마찬가지다.

20대들을 둘러싼 문제들이 이 사회에서 가장 예민하면서도 날카로운 문제들이기 때문에 이것들을 한국의 20대가 다른 세대들과의 연대 속에서 해결해나가는 과정이 지금의 대한민국을 더 나은 사회로 만드는 지름길이라고 확신한다. 20대들을 둘러싼 산적한 문제들을 해결해나가는 과정은 지난 1970~80년대 민주화운동의 격렬함과 장엄함 이상의 과정이 될 것이다.

그만큼 어렵고 힘든 길이 되겠지만 그 길에서 대한민국의 20대는 지난 역사 속의 어느 젊은 세대들보다 더 진취적이고 더 창조적인 세대가 될 것을 필자는 확신한다. 그리고 그것이 바로 우리 사회가 진정한 의미에서 '진보'하는 것이라고 생각한다. 필자를 비롯한 다른 세대가 대한민국의 20대에게 깊은 관심과 애정을 가져야 하는 이유이기도 하다.

글을 마치면서 왜 많은 저자들이 책의 머리말에 출판사에 고맙다는 말을 쓰는지 알 것 같다. 시대의창에 진심으로 고맙다는 인사를 드린다.

2009년
조성주 올림

CONTENTS

CHAPTER
02 | 절망의 트라이앵글 두 번째
청년실업 100만 명 시대

CONTENTS

CHAPTER
03 절망의 트라이앵글 세 번째
20대에 대한 오해

CHAPTER
04 '절망의 트라이앵글'을 넘어

20대는 어떻게 고통받는가

먼저 글을 시작하기 전에 우리가 인정하고 들어가야 할 것이 하나 있다. 바로 '20대는 고통받고 있다'는 사실을 인정하는 것이다. 더 나아가 20대는 아주 '심각하게' 고통받고 있다는 것까지 인정해야 한다. 물론 이렇게 이야기하면 젊은 놈(?)들이 무슨 고통이냐고 반문하는 사람들도 있을 테고 이른바 대학생들인 20대는 특권층이 아니냐고 시대에 맞지 않는 질문을 던지는 사람들도 있을 것이다.

필자 주변의 사람들도 대부분 그런 반응을 보였던 것 같다. 주로 스스로의 정치적 지향성을 진보 또는 개혁이라 밝히는 사람들일수록 이런 반응을 보인다. 이 조악한 프롤로그는 그래서 쓰게 되었다. 지금의 20대가 끔찍한 고통을 겪고 있다는 사실을 알리기 위해서다. 20대들의 고통을 직시하는 것은 생각보다 괴로운 일이겠지만 그것은 오히려 20대와 다른 세대가 서로 이해하는 데 초석이 될 것이다.

20대가 겪고 있는 '고통'은 심각하다. 심각성은 고통의 강도만이 아니라 고통의 양상에서도 드러난다. 두 가지 문제가 있다. 첫 번째는 수많은 20대가 자신들이 겪고 있는 고통이 도대체 어디서 오는지 모른다는 것이다. 두 번째 문제는 그들이 겪고 있는 고통이 20대만의 고통이 아니라 사실은 40~50대, 아니 2009년 현재 이 사회를 살아가고 있는 국민 대다수의 문제라는 것이다. 두 가지 점에 유념하면서 지금 20대가 겪고 있는 고통을 추적해보자. 무릇 함께 기뻐해주는 것보다 함께 아파해주는 것이 더 진실된 것이다. 상대가 느끼는 고통과 아픔을 알아야 상대를 이해할 수 있고, 그래야만 연대할 수 있다.

🥄 대학입시, 20대가 되기 위한 잔인한 통과의례

여기 막 20대가 되기 직전의 한 청년이 있다. 그는 아직 고등학생이고 곧 한국 사회 청소년의 잔인한 통과의례 중 하나인 대학입시를 치르고 20대가 될 예정이다. 그러나 그가 이 통과의례를 무사히 마치기 위해서는 당연하게도 '학원'에 매달 수십만 원의 학원비를 내고 사교육을 받아야만 한다. 왜냐하면 한국 사회에서 이제 '대학입시'라는 통과의례는 그 잔인한 터널을 통과하는가가 문제가 아니라 통과해서 어디로 나오느냐가 문제이기 때문이다.

1980년대에는 대학진학률이 30퍼센트 수준이었다. 당시에는 어느 대학을 가더라도 '대학생'이라는 프리미엄을 가지고 취업을 하거나 사회적으로 대우(?)받을 수 있었다. 그러나 대학진학률이 80퍼센트를 훌쩍 넘기고 있는 지금, 그런 프리미엄은 사라지고 이른바 SKY 대학, 서울 소재 대학, 지방 국립대, 지방 사립대 등의 순으로 그 등급이 나뉘어 있다. 마치 신용카드가 골드, 실버 등으로 등급의 차이를 나타내듯이 대학 명칭이 그 사람의 등급의 차이를 나타내는 사회가 되어버렸다.

20대를 앞두고 있는 그 청년이 골드카드를 갖지 못하면 실버카드라도 얻어야 한다. 그 청년이 청소년 시절에 그렇게도 즐겨하던 인터넷 온라인 게임에서 이미 깨달았듯이 이른바 진귀한 아이템처럼 그 골드카드나 실버카드는 투여하는 시간과 노력에 따라 얻을 수 있는 것이 아니다. 카드의 색깔은 투여하는 자본의 양으로 결정된다. 그리고 그 자본이 사교육비임은 두말할 나위가 없다.

만약 그가 강남의 무슨무슨 팰리스 같은 좋은 아파트에 살고있고 부모가 명문대학을 나와 고소득 전문직에 있다면 이것은 큰 문제가 되지 않는다. 하지만 그가 일반적인 서민가정의 자녀라면 이렇게 투여된 사교육비는 심각한 문제를 발생시킬 것이다. 대학입시라는 터널을 통과한 그를 계속 쫓아가보자.

🐚 연간 1000만 원의 대학등록금을 어떻게 감당할 것인가

이렇게 매달 수십만 원의 사교육비를 사설학원에 투여하여 그 청년이 그나마 실버카드를 획득했다 하더라도 그 기쁨은 잠시일 뿐이다. 그가 초중고를 거치면서 투여한 몇 천만 원에 달하는 사교육비는 한국의 사교육시장을 급격히 팽창시켰다. 이렇게 팽창된 사교육시장은 결국 대학에 진학한 그 청년의 목을 조르는 부메랑이 되어서 돌아온다.

왜냐하면 현재 대학등록금은 연간 1000만 원에 달하고 있는데 이 정도 액수의 등록금을 그 청년이 마련할 수 있는 방법은 없기 때문이다. 물론 여기서도 그가 강남의 좋은 아파트에 살고 부모가 연봉 1억 이상의 고소득층이라면 큰 문제가 되지 않는다. 그러나 우리는 대한민국 1퍼센트가 아닌 나머지 99퍼센트의 자녀로 태어난 아주 평범한 한 청년의 뒤를 쫓고 있음을 잊지 말자.

과거 사립대학교의 연간 등록금이 350만 원도 되지 않던 시절 대학생이 등록금을 마련할 수 있는 가장 빠른 방법은 대학생 과외를 하는 것이었다. 일종의 사교육인데 사실 1960년대부터 대학생 과외는 99퍼센트의 평범한 집에서 태어난 대학생들이 등록금을 마련할 수 있는 가장 효율적인 수단이었다. 1990년대만 하더라도 누구는 과외를 여러 개 해서 등록금을 내고 어학연수를 다녀오기도 했다는 아름다운(?) 이야기들을 많이 들을 수 있었다. 그러나 대학등록금이 연간 1000만 원에 육박하는 2000년대에 들어서 이러한 이야기들은 말 그대로 전설 같은 이야기일 뿐이다.

그 청년이 대학입시라는 지옥과 같은 터널을 통과하기 위해 퍼부은 수천만 원의 사교육비는 사교육시장을 팽창시켰고 이것은 거꾸로 대학생 과외시장을 축소시켰다. 과거에는 중산층 이상의 잘사는 집의 중고생 자녀들이 대학생 과외를 받았지만 지금은 그렇지 않다. 오히려 중산층 이하의 서민가정의 자녀들만이 한 달에 20~30만 원 하는 대학생 과외를 받는다. 그럼 2009년 지금에 와서는 과거 한 달에 30만 원씩 주고 대학생 과외를 시키던 중산층 이상의 가정들은 자녀들에게 어떤 사교육을 시키는가?

1990년대 중반 이후 급격히 팽창된 사교육시장은 월 수백만 원에 달하는 사교육비를 받으면서 아주 체계적이고 세련된 사교육을 제공한다. 이미 주식시장에서 유망주로 각광받고 있는 거대한 사교육기업들과 서울 대치동에 즐비한 전문학원들이 그 장본인이다. 이제 대학생 과외는 중산층 이하의 서민가정의 사교육이며 중산층 이상의 사교육은 거대한 사설교육기업들이 담당하고 있는 것이 현실이다.

따라서 1980년대나 1990년대 초반처럼 대학생이 한 달에 30만 원씩 받는 과외비로 연간 1000만 원에 달하는 대학등록금을 마련하기 위해서는 과외를 세 개씩 1년 내내 해야 가능하다. 그러나 앞에서 언급했듯이 연간 20조 원 규모로 팽창한 사교육시장은 대학생 과외시장을 급격히 축소시켰기에 한 학생이 과외를 세 개씩 하는 것은 거의 불가능하다. 게다가 과외비 역시 한 달에 30만 원이 아니라 20만원 정도로 낮아졌다. 이마저도 이른바 '과외알선업체'들에게 첫 달의 과외비 전부 또는 50퍼센트씩 수수료를 떼여야만 한다.

사실 대학생 과외도 대학서열화 내에서 상위에 속하는 대학에 입학한 학생들의 이야기이며 이것도 가능하지 않은 지방의 국립대, 사립대 학생들은 식당, 술집, DVD방 등에서 시간당 최저임금 4000원을 받으며 아르바이트를 해야만 한다.

1년에 1000만 원에 달하는 대학등록금을 마련하기 위해 2009년 최저임금인 시간당 4000원의 아르바이트 임금(이마저도 제대로 지켜지면 정말 다행이지만 이미 아르바이트 시장에서는, 편의점 아르바이트는 시급 2100원, 도너츠가게 아르바이트는 시급 3100원 등이 공공연한 사실이다)을 받으며 일한다면 얼마나 일해야 할까? 놀라지 마시라. 하루 8시간씩 312일을 일해야 한다. 오해가 없기를 바란다. 1년은 365일이고 일요일은 52번 돌아온다. 여기서 질문을 던져보자. 하루 8시간씩 1년에 312일을 일해서 등록금을 마련해야 하는 이 청년은 학생인가 노동자인가?

따라서 이 청년이 선택할 수 있는 것은 휴학을 한 후 1년 정도 등록금을 벌어서 복학하고, 다시 휴학하고 등록금을 벌어 다시 복학하는 것을 반복하는 것이다. 현재 대학생이 졸업하는 데까지 걸리는 시간은 남자는 평균 7년 6개월, 여자는 5년 정도라는데 이는 점점 늘어날 추세다. 과도한 대학등록금과 이를 마련할 대책이 없는 현실이 점점 그들의 사회진출 시기를 늦추고 있다. 정부가 이른바 저출산 고령화 사회를 대비하기 위해 청년들의 사회진출 시기를 앞당겨 그 인력을 활용하자고 주장하지만 그 문제해결 방식은 오히려 핵심에서 비껴 있는 것이다.

대학생을 상대로 고리대금업을 하는 은행들

더구나 이 청년은 대학입시보다 더 치열하다는 학점경쟁을 해야 하는 처지다. 요즘 대학에서는 평량평균 4.3 만점에 4.0을 맞아도 장학금을 타기란 빠듯하며 취업시장에서 이 정도의 학점은 대부분의 학생들이 갖춘 기본 스펙에 지나지 않는다. 이처럼 치열해진 학점경쟁은 청년실업 문제가 대두되면서 일어난 현상이다. 대학 1학년의 낭만 따위는 없어진 지 오래며 인터넷에서 대학교 리포트가 고가에

거래되고 대학에서도 이른바 학점을 잘 주는 수업에만 수백 명의 학생들이 몰려다닌다.

여기에 가장 곤혹스러워하는 것은 사실 대학교수들이다. 학기 말마다 왜 본인의 학점이 낮게 나왔는지를 따지고 드는 수십 명의 학생들이 예의가 없는 것이 아니다. 이렇게 잔혹한 경쟁으로 몰아넣는 제도 속에서는 교수나 학생 모두가 피해자일 뿐이다.

다시 이 청년의 등록금을 마련하기 위해 함께 고민해보자. 그렇다면 이 청년이 선택할 수 있는 최후의 방법은 '학자금 융자'를 받는 것이다. 정부에서 시행하는 정부보증 학자금 융자제도에 1년에 60만 명이 넘는 학생들이 신청하고 대출을 받고 있다. 대학생의 숫자가 300만 명, 보통 재학생이 200만 명이 조금 넘는다고 하는데 1년에 60만 명이 학자금 융자를 받는다는 것은 엄청난 비율이다.

그러나 2009년 현재 학자금 융자제도의 연이율은 7.3퍼센트에 달하고 있다. 정부가 시행하는 모든 대출제도 중에서 가장 높은 이자를 기록하고 있는데 이는 대부분의 시중은행들이 이 정도의 이자율을 보장해주지 않으면 학자금 융자사업을 할 이유가 없기 때문이다. 이미 시중은행들은 대부분 외국자본의 입김에 좌우되고 있으며, 이들의 입장에서는 액수가 적고 인원은 다수여서 관리비가 많이 들어가는 학자금 융자사업을 굳이 할 이유가 없다.

이미 2003년도에 외국자본 지분율이 높은 국민은행, 하나은행 등을 선두로 하여 은행들이 학자금 융자사업에서 철수하면서 심각한 문제를 낳았고 이를 급히 대체한 것이 정부가 이자율 7퍼센트가 넘는 고이율을 보장해주는 것이었다.

이렇게 학자금 융자를 받게되면 이 청년은 적게는 1000만 원, 많게는 3000만 원 이상의 빚을 지고 졸업을 하게 된다. 이러한 빚은 이 청년이 졸업 이후 취업을 할 때 심각한 문제로 작용하는데, 졸업 이후 학자금 융자로 생긴 빚을 갚기 위해 안정되고 적성에 맞는 직장을 구하기보다는 비정규직으로라도 급하게, 이른바 '묻지마 취업'을 하게 될 가능성이 높기 때문이다. 이렇게 취업한 직장에서 이 청년이 보람을 느끼기는 힘들며 쉽게 이직하거나 그만두는 사태가 발생한다. 사회적으로 큰 손실이 아닐 수 없다.

🍲 대학생 한 명으로 온 가족이 고통받는 한국 사회

고통은 대학생이 된 청년만 겪는 것이 아니다. 그의 부모도 같이 고통받고 있다. 한번 생각해보자. 이제 막 대학에 입학한 대학생을 둔 부모의 나이는 40대 중후반 정도가 될 것이다. 그런데 40대 중후반이면 이미 한국 사회에서 정리해고 대상자에 오르기 시작하는 나이다. 일반적으로 한 가정의 가장이 정리해고 대상자로 언급되기 시작하는 이른바 '사오정'이 되었을 때 가장 걱정되는 것은 자식의 대학등록금이다.

단적으로 이야기하면 자식이 대학을 졸업할 때까지 그러니까 앞으로 5년 정도는 무조건 직장에서 버텨야 한다고 생각할 것이다. 따라서 이 시기에 최대한 많은 돈을 벌어놓아야 하며 무조건 회사에서 잘리지 않는 것이 가장 중요한 인생의 목표가 된다. 따라서 40대 중후반에 엄청난 잔업과 야근을 자원하게 된다. 이렇게 모아둔 돈은 결국 수천만 원에 이르는 자녀의 대학등록금으로 나간다. 이 와중에 지나친 잔업과 야근은 40대 중후반 부모의 과로사, 산재에 영향을 미칠 것이다.

그러나 안타깝게도 이 청년의 부모는 결국 회사에서 정리해고를 당하게 될 것이다. 그러면 이 노동자가 택할 수 있는 것은 퇴직금으로 받은 1~2억 원을 가지고 치킨집이나 호프집을 차리는 것이다. 그러나 통계에서 볼 수 있듯이 이렇게 시작한 자영업의 70퍼센트는 몇 년 안에 망한다. 그나마 살아남은 자영업자의 절반에 가까운 사람들은 한 달에 100만 원도 벌지 못하는 영세한 상황에 놓여 있다.

이렇게 장사를 하다가 퇴직금을 날려버려도 자녀는 아직 대학을 졸업하지 않았다. 또 자녀의 대학등록금을 대느라 본인의 노후준비 등은 전혀 해놓지 못한 상황이다. 사회복지 시스템이 자리 잡지 못한 한국에서 복지문제와 노후문제는 철저히 개인이 해결해야 하는데 자녀의 대학등록금 때문에 부모가 노후준비를 할 수 없는 상황이 생겨버린 것이다.

서울이나 수도권 도시에 살고 있다면 이 가장이 할 수 있는 것은 대표적으로 택시기사다. 하지만 이렇게 택시기사가 된 사람들이 IMF 이후 수만 명에 달하기 때문에 장사가 잘 될 리 없다. 그나마 자녀가 청년실업 100만 시대를 뚫고 취업을 했다면 다행이지만 이미 고용 없는 저성장 체제로 돌입한 한국 경제에서는 이것도 쉽지 않다.

어머니의 경우는 어떠한가. 일반적으로 이 시대 어머니들의 경우, 자녀가 고등학생일 때부터 사교육비를 벌기 위해 비정규직 노동자로 나서게 된다. 가장 대표적인 것이 '대형 할인마트'에 비정규직으로 취업하는 것이다. 사실 이것이 역설적이게도 최근 50대 여성의 취업률이 상승하게 된 원인이며 여성 비정규직이 급격히 늘어나게 된 원인이다. 대형 할인마트 등에 비정규직으로 취업한 40~50대 여성 노동자들의 대부분이 자녀의 사교육비나 대학등록금을 벌기 위해 나온 분들이다.

이랜드, 홈에버 등의 대형 할인마트에서 일하다가 해고당한 여성 노동자들의 경우에서도 볼 수 있듯이 이들은 하루 12시간 넘게 한 달 내내 일하고서도 한 달에 겨우 80만 원 정도의 임금을 받는다. 이 정도 임금으로는 연간 1000만 원에 달하는 자녀의 대학등록금을 대기에 벅차다. 단 한 푼도 쓰지 않고 모두 저축해야 1년에 960만 원을 모을 수 있다. 2007년에 수많은 사람들의 눈물을 자아냈던 이랜드, 홈에버 아주머니 노동자들의 비정규직 싸움은 사실 20대 대학생들을 둘러싸고 벌어진 싸움이라고 볼 수도 있는 것이다. 이런 면에서 본다면 사실상 일각에서 주장하는 '세대 간 착취'라는 개념은 문제의 본질이 아니라고 할 수 있다.

대학을 졸업해 마주치는 건 청년실업 100만 명 시대

연간 1000만 원에 달하는 대학등록금을 둘러싼 지옥을 통과하고 나서 이 청년이 마주치는 것은 '청년실업 100만 명 시대'다. 정부는 청년실업률이 공식적으로 7퍼센트대라고 주장하지만 여기에는 비경제활동인구에 포함되는 취업준비자, 구직포기자 등이 포함되지 않았다. 몇 년째 공무원시험을 준비하고 있거나 계속되는 취업 실패로 아예 구직을 포기한 청년층까지 포함하면 현재 한국의 청년실업자 수는 100만 명에 달한다. 이마저도 최근 경제위기로 인해 급증하고 있는데 2009년 1월 통계에 따르면 약 120만 명을 넘어서고 있다. 실제 청년실업률은 20퍼센트에 육박하고 있는 것이다.

원래 이 정도의 청년실업률이라면 유럽처럼 도시 외곽에서 청년들의 폭동이 일어나거나 훌리건 문화, 일자리를 둘러싸고 외국인 노동자에 대한 극단적인 혐오 등이 등장하는 경우가 일반적이다. 그러나 한국 사회에서는 이러한 비정상적 현상은 일어나고 있지 않다. 이것은 역설적이게도 한국의 청년층이 어쩌면 유럽의 그들보다 더 심각한 상황에 놓여 있기 때문은 아닐까?

대학을 졸업한 후 취업을 한 청년들 중에서도 절반은 비정규직이다. 이른바 '88만 원 세대'로 존재하고 있는 것이다. 이들이 한국 사회에서 미래가 없는 비정규직 88만 원 세대의 삶을 계속하고 싶을 리가 없다. 정규직이 되거나 공무원이 되고자 이직과 자발적 실업을 반복하다가 결국은 그대로 비정규직으로 남거나 아예 구직을 포기하는 니트NEET[1]족이 된다.

실낱같은 희망을 좇아 취업준비를 하고 있는 50만 명의 취업준비

---

1   NEET(not education not employment). 교육기관에 다니지도 않고 취업도 하지 않은 채 그냥 쉬고 있는 청년층을 일컫는 신조어다.

자들도 상황은 크게 다르지 않다. 조사에 따르면 이들 중 35.4퍼센트 이상이 생계를 위해 아르바이트를 하면서 취업을 준비하고 있다.[2] 그런데 생계를 위해 이들이 하는 아르바이트의 시간당 최저임금은 기껏해야 4000원 수준이며 이마저도 대부분 지켜지지 않는다. 시간당 4000원을 받으며 생계를 꾸려가는 것은 한국 사회에서 거의 불가능하다.

일본에서는 약 400만 명의 프리터족free-arbeiter이 사회문제가 되고 있다. 그러나 한국에서 청년들은 실제 프리터족이 되는 것마저도 불가능하다. 한국의 20대 청년이 아르바이트를 하면서 혼자 생계를 유지하는 것은 불가능하기 때문이다. 이렇게 청년실업 100만 명 시대는 대학등록금 1000만 원 시대를 지나온 한국의 20대 청년들을 다시 한번 절망으로 밀어넣고 있다.

🐌 절망의 트라이앵글

그렇다면 이런 상황에 놓인 20대는 어떤 심리적 상태에 있을까? 대학을 졸업하기도 전에 등록금으로 수천만 원의 빚을 지어야 하는 한국의 20대, 연간 1000만 원의 등록금을 마련하기 위해 부모와 자식이 모두 비정규직으로, 생계형 아르바이트로 내몰리는 한국의 20대, 청년실업 100만 시대를 헤쳐나가기 위해 대학에서조차 치열한 학점경쟁과 스트레스를 경험하는 한국의 20대, 그리고 취업준비생의 절

---

2   그런데 이 중에 다시 29퍼센트는 두 개 이상의 아르바이트를 하는 투잡족이다.

반 정도가 '자살충동'을 느껴봤다고 대답하는 한국의 20대, 과도한 대학등록금과 청년실업 100만 시대라는 미래에 대한 불안으로 대학생의 12퍼센트가 정신질환을 앓고 있는 한국의 20대. 그들은 어떤 심리적 상태에 놓여 있을까?

지금 한국 사회에서 20대의 사망원인 1위는 '자살'이다.[3] 그리고 이 수치는 매년 높아져가고 있다. 지금 한국 사회의 20대들은 그 어떤 젊은 날의 실존에 대한 고민 등으로 자살을 선택하는 것이 아니다. 이것은 명백한 사회적 타살이다.

한때 '죽음의 트라이앵글'이라는 동영상이 인터넷에서 화제가 된 적이 있다. 내신강화, 논술, 본고사란 세 가지 입시제도가 중고등학생들을 자살로 몰아가고 있다고 이 동영상은 고발하고 있다. 그러나 입시교육이라는 이 죽음의 트라이앵글을 헤쳐나온 한국의 20대는 다시 '절망의 트라이앵글' 속에 들어간다. '대학등록금 1000만 원 시대' '청년실업 100만 명·비정규직 900만 명 시대' '20대에 대한 오해와 사회적 무관심'. 이 세 가지 문제가 20대에게 새로운 '절망의 트라이앵글'을 형성하고 있다.

이러한 상황에 놓여 있는 한국의 20대에게 사회는 너무나도 쉽게

---

3   분당 서울대병원의 2007년 조사에 따르면 우리나라 대학생의 12퍼센트가 우울증 등 각종 정신질환에 시달리고 있는 것으로 나타났다. 또 통계청의 자료에 따르면 20대 사망원인 가운데 1위가 자살이며, 20대 사망자 가운데 자살로 인한 사망은 17.7퍼센트에 이르는 것으로 나타났다.

그들이 정치적으로 무관심하다느니, 눈높이를 낮추어서 취업하라느니, 과거 386세대와 같은 정치적 열정과 패기가 없다느니, 인터넷 게임 중독과 명품소비 중독에 빠져 있다느니 하는 말을 해댄다. 정말 그럴까? 한국의 20대는 이렇게 절망적인 상황에 놓여 있음에도 불구하고 정치적으로 무관심하고 열정과 패기가 없으며 인터넷 게임에만 몰두해 있을까? 결코 그렇지 않다.

지금 한국의 20대는 이전 세대가 수십 년간 깨지 못했던 지역주의를 더 이상 가지고 있지 않다. 그들은 이미 10대 때부터 인터넷을 통해서 영호남 따위의 지역을 넘어 세계인과 평등하게 소통하고 논쟁해온 세대다. 그들은 이전 세대가 그들의 지배세력들과 싸우면서 오히려 닮아버렸던 권위주의를 혐오한다. 아무리 엄숙하고 근엄한 대통령도 순식간에 인터넷 패러디의 대상이 되어버리고 조롱의 대상이 되어버린다. 그들은 오히려 개방적이다. 성소수자 문제, 외국인 노동자 문제, 양성평등 문제에 있어서 기성세대보다 훨씬 더 진보적이다.

또 인터넷을 통해 참여하고 자신의 주장을 펼치는 데 거리낌이 없는 세대다. 1980년대식으로 민주 대 독재의 프레임, 정치적 이념을 중심으로 진보 또는 보수로 그들의 다양성과 주체성을 재단할 수 없다. 오히려 현재 한국의 20대는 더 참여적이고 더 열정적이며 더 유연하고 다양한 모습을 보여준다.

이렇게 유연하고 다양하며 창의적인 한국의 20대들을 절망의 트라이앵글 속으로 몰아넣고 쉽게 비난하고 충고하며 결국은 기성세대의 모습을 닮으라고 강요하는 것은 지금의 한국 사회이며 지금 사회의 주류가 된 1970~80년대의 20대들이 아닐까.

🍵 다시, 20대에게 말을 걸다

사실 한국 사회에서 '진보' 또는 '개혁'을 자처하는 세력들은 늘 20대 청년학생들은 자신의 편이라고 확신해왔다. 그러나 그것은 큰 착각이었다. 진보·개혁세력이 그렇게 자만하며 한국의 20대에게 관심을 두지 않았을 때도, 20대들의 쓰라린 고통의 신음소리를 철없는 투정쯤으로 여기며 외면했을 때도 한국의 20대는 오랜 기간 진보·개혁세력의 편이었다. 그러나 그 고통이 이제 20대 본인들의 절박한 생존의 문제에까지 도달했을 때 20대는 미련 없이 진보·개혁을 떠나갔다.

2007년 대통령 선거의 결과는 오랫동안 참아왔던 20대들의 무서운 경고였다. 그들에게는 변화하지 않는 것, 닫혀 있는 것이 바로 보수다. 지금 한국 사회에서 어떤 세대보다 진보적인 한국의 20대는 그러한 낡고 지루한 것을 용납하지 않는다. 지금 한국의 20대에게는, 매일 새로운 언어가 탄생하고 매일 새로운 담론이 만들어지며 매일 새로운 세계가 창조되는 '인터넷 공간'을 제외하고는 한국 사회의 진보건 보수건 모두 보수적으로 보일 것이다.

민주화를 이야기하며 10여 년간 한국 사회를 이끌어왔던 386세대는 지금의 20대에게 더 이상 혁신적이고 진보적인 어떠한 것도 보여주지 못했다. 오히려 등록금 1000만 원 시대와 청년실업 100만 명 시대를 던져주고는 지금의 20대가 너무 무기력한 것 아니냐고 비아냥댔을 뿐이다. 그렇다고 해서 다시 정권을 잡은 한국의 보수세력이 20대의 대안이라고도 생각하지 않는다. 그들은 단지 현재 한국의 20대가 한 번도 경험해보지 못한 세력일 뿐이다. 따라서 경험해보지 못한 새로운 세력을 한 번쯤 선택해본 것뿐이다.

바로 지금이 한국 사회가 진지하게 20대들에게 말을 걸 때다. 그들의 고통에 귀 기울이고 그들이 처해 있는 상황을 직시하며 그들과 대화해볼 때다. 앞으로 한국 사회가 열어갈 새로운 시대는 반드시 현재의 20대와 함께 만들어가야 하기 때문이며 그들이 없이는 한 사회가 계속 성장하고 발전해나가는 것은 불가능하기 때문이다.

지금 한국의 보수세력은 진보의 지난 10년을 '잃어버린 10년'이라고 말하곤 한다. 상대적으로 진보적인 세력들이 주도해왔던 지난 10년이 정말 한국 사회의 잃어버린 10년이었는지는 잘 모르겠다. 그러나 적어도 한 가지 확실한 것은 지난 10년간 진보와 보수를 자처하는 정치세력 모두 한국의 20대들을 잃어버렸다는 사실이다.

대한민국 20대,
절망의 트라이앵글을 넘어

CHAPTER 01

절망의 트라이앵글 첫 번째

대학등록금
1000만 원 시대

'춘투春鬪'라는 말이 있다. 매년 봄, 4~5월이면 벌어지는 노동자들의 임금인상 투쟁을 두고 쓰는 말이다. 대학에도 춘투라는 말이 있다. 정확히는 '개나리 투쟁'이라는 말이 있었다. 매년 봄이면 물가인상률의 두세 배가 넘게 오르는 대학등록금 인상을 둘러싼 대학생들과 학교당국 간의 싸움과 갈등을 두고 쓰는 말이다. 물론 개나리 투쟁이라는 말에는 개나리가 봄에만 잠깐 피었다 지듯이 등록금 인상을 둘러싼 싸움이 등록금 동결 같은 실질적인 해결로 가지 못하고 금방 사그라지는 것을 비아냥거리는 의미도 담겨 있다.

여하튼 매년 봄이면 대학가는 한바탕 홍역을 치른다. 세계에서 유래가 없는 입시지옥을 헤치고 부푼 꿈을 안고 막 대학에 들어온 대학 새내기들은 캠퍼스의 낭만을 만끽하기도 전에 연간 1000만 원에 달하는 등록금을 두고 벌어지는 대학가의 싸움을 먼저 경험하는 것이다. 1990년대 중반부터 일어나기 시작해서 이미 10여 년이 넘도록 매년 봄 대학가를 흔들어놓는 '등록금 인상 반대투쟁'은 왜 계속되는 것일까?

01 | 20대가 되자마자 만나는 대학등록금 1000만 원

1970~80년대에는 대학을 '우골탑'이라고 불렀다. 주로 농촌에서 서울이나 수도권으로 대학을 보내는 경우가 많았던 당시에는 소 한 마리를 팔아서 대학등록금을 마련하고 대학생 자녀들의 생활비를 마련하는 일이 많았다. 당시 농촌에서 가장 귀중한 재산이었던 소 한 마리의 가격이 200만 원 정도였다고 하니 이 정도면 1년 치 등록금에 생활비 정도는 나올 수 있었을 것이다.

그러나 2009년 현재 대학등록금은 연간 1000만 원에 달한다. 지금은 소 한 마리 가격이 400만 원 정도라고 하니 이 정도로는 등록금은커녕 생활비조차 대기 힘들다. 이제 언론들은 대학을 우골탑이라 부르지 않고 '인골탑'이라 부른다. 말 그대로 소의 뼈가 아니라 사람의 뼈가 쌓인 곳이 대학이라는 뜻이다.

서민가정에서는 정말 뼈가 빠지게 일을 해도 연간 1000만 원에 달하는 대학등록금을 마련하기 힘든 것이 현실이다. 현재 900만 명을 넘어가고 있는 비정규직 노동자의 한 달 평균 임금은 120만 원 정도다. 1년 치 임금을 모두 쏟아부어도 자녀 한 명 대학 보내기에 빠듯하다. 대학등록금을 마련하기 위해 유괴를 하거나 대학생 자녀를 둔 노동자가 자녀의 등록금을 마련하지 못해 자살했다는 뉴스들을 이미 심심찮게 볼 수 있을 정도니, 정말 인골탑이라는 무시무시한 단어가 언론의 호들갑만은 아닐 것이다.

지난 10여 년간 대학등록금은 물가인상률의 두 배에서 세 배 이상 인상되어왔다. 1990년대 중반 한국에 신자유주의, 세계화의 바람이 불어올 때부터 시작된 각 대학들의 등록금 인상은 초기에는 대학생들의 별다른 저항 없이 진행될 수 있었다.

1990년대 중반 사립대의 1년 등록금이 350만 원이 채 안 되던 시절에는 7~8퍼센트 정도의 등록금 인상액수가 1년에 20여 만 원 정도였기 때문에 대학생들은 이러한 인상에 저항하기보다는 인상된 액수만큼 더 부담하고 빨리 대학을 졸업해 취직하는 것을 선택했다.

그러나 이러한 등록금 인상이 10여 년에 걸쳐 반복되자 등록금은 이제 연간 1000만 원에 달하게 되었다. 연간 1000만 원의 7~8퍼센트 인상으로 1년에 70~80만 원의 부담이 가중되는 것이다. 최근에 심각해진 청년실업 문제로 대학 졸업까지 걸리는 시간이 늘어나면서 대학생 한 명이 졸업할 때까지 등록금 인상으로 추가 부담해야 하는 액수는 몇 백만 원이 훨씬 넘어가게 됐다.

사태가 여기까지 이르자 각 대학의 학생회를 중심으로 등록금 인상에 저항하기 시작했다. 그러나 매년 전국의 대학들이 최소한의 인상률을 거의 담합에 가까운 수준으로 맞추어놓고 단 한 발도 물러서지 않는 상황, 그리고 이를 방관하고 오히려 대학들의 등록금 인상은 당연한 듯 여기는 교육부의 정책 때문에 대학생들의 저항은 몇몇

학교들의 특정 사례를 빼고는 별 효과를 거두지 못했다.

그러나 최근 등록금 인상을 둘러싼 갈등의 양상이 바뀌기 시작했다. 대학생들의 저항도 본관 점거, 단식, 학생총회, 거리투쟁 등으로 이전보다 조직적이고 규모도 커지기 시작했다. 더구나 각종 언론, 시민사회단체들도 등록금 문제가 심각하다고 목소리를 높이며 대학생들의 싸움에 연대하기 시작했다.

2000년대 후반인 지금 이미 매년 2~3월의 최대 이슈는 '대학등록금 인상'이 되어버렸다. 이제는 대학이라는 울타리 안에서의 갈등이 아니라 한국 사회 전체의 갈등으로 확대된 대학등록금 인상을 둘러싼 지금의 대학교육 상황은 현재의 20대가 어떠한 상황에 처해 있는지, 어떤 고민을 가지고 있는지를 가장 확실하게 알 수 있는 문제일 것이다.

🍂 대학등록금 인상을 둘러싼 갈등은 어느 정도인가

연간 1000만 원에 달하는 대학등록금을 둘러싼 대학가의 갈등은 어느 정도 수준일까? 민주노동당 최순영 의원실에서 작성한 자료를 보면 쉽게 알 수 있다.

[표 1-1] 4년제 대학의 학내분규 형태 현황(복수응답 가능)

분규 형태	대학본부 총장실 점거	학생총회	학내집회	등록금 납부 거부
해당 대학 수(%)	43(27.9%)	41(26.6%)	57(37.0%)	22(14.3%)

※ 분석 대상: 4년제 155개 대학(사립 117개, 국립 38개)
※ 자료: 민주노동당 최순영 의원실, 2006

등록금 인상 반대투쟁에서 가장 수위가 높은 투쟁으로 꼽히는 점거와 납부 거부 등을 실행한 대학들의 비율이 상당한 것을 확인할 수 있다. 대학생들이 대학본부나 총장실을 점거할 경우 학교의 징계도 감수해야 하는 큰 부담이 따름에도 불구하고 약 30퍼센트에 가까운 대학들이 이를 실행했다. 등록금 납부 거부의 경우 학생의 입장에서는 등록을 하지 않으면 학교에서 제적을 당할 수도 있는 만큼 부담이 크지만 22개 대학들에서 이를 실행한 적이 있는 것으로 나타났다. 4년제 대학 중에서 22개 대학에 다니는 학생들이 제적을 감수하고서라도 등록금 납부를 거부한 것으로 나타나는데 이는 매우 충격적인 수치다. 대학생들에게 등록금 인상이 얼마나 절박한 문제인지 엿볼 수 있는 대목이다.

그렇다면 등록금 인상을 둘러싸고 이렇게 격렬한 갈등이 일어났을 때 대학들은 어떤 방식으로 학생들과 협의할까?

[표 1-2] 4년제 대학의 협의수준 현황(복수응답 가능)

협의수준	협의 없음	면담	공식적 협의체 구성	문서교환	기타
해당 대학 수(%)	8(5.1%)	137(89%)	80(51.9%)	63(40.9%)	2(1.3%)

[표 1-3] 2년제 대학의 협의수준 현황(복수응답 가능)

협의수준	협의 없음	면담	공식적 협의체 구성	문서교환	기타
해당 대학 수(%)	11(8.9%)	110(88.9%)	27(21.8%)	25(20.0%)	3(2.4%)

※ 분석 대상: 4년제 155개 대학(사립 117개, 국립 38개)
2년제 124개 대학(사립 115개, 국공립 9개)
※ 자료: 민주노동당 최순영 의원실, 2006

자료에서 확인되듯이 2년제 대학의 경우 80퍼센트에 가까운 대학들이 학생들과 등록금 문제를 논의하는 공식적 협의체를 구성하고 있지 않다. 이는 대학등록금이 매년 학교본부의 일방적 책정으로 결정된다는 것을 의미한다. 4년제 대학의 경우에는 상황이 조금 낫다. 약 절반에 달하는 학교들이 공식적 협의체를 구성하고 있다. 그러나 나머지 절반 정도의 대학은 등록금 인상을 논의하는 협의체를 구성하고 있지 않다. 공식적 협의체가 구성되어 있지 않은 것은 한때나마 민주주의의 전당으로 여겨졌던 한국의 대학들에 예상 밖으로 대학 내 민주주의가 정립되지 않았음을 의미하기도 한다.

정작 등록금을 마련하고 내는 것은 학생들임에도 불구하고 등록금 액수를 결정하는 공식적 협의체조차 없는 대학들이 이 정도에 달한다는 것은 심각한 상황이다. 이러한 상황은 필연코 학생들의 거친 반발을 낳을 수밖에 없으며 등록금 인상을 둘러싼 갈등을 심화시킬 수밖에 없는 구조를 낳고 있다.

🍵 갈등의 주요 지점은 어디인가

대학 당국의 입장은 명확하다. 매년 물가가 인상되고 있으며, 학교 발전을 위해 들어가야 하는 돈이 있기 때문에 등록금을 인상할 수밖에 없다는 것이다. '물가인상'은 굉장히 합리적인 이유이고 '학교 발전'도 학생들의 입장에서 나쁠 것은 없다. 오히려 더 나은 교육 환경 등을 고려하면 반대할 이유가 없다.

그러나 학생과 학부모들의 입장에서는 이야기가 달라진다. 물가인상을 등록금 인상의 주요한 이유로 이야기하지만 실제 최근년도의 등록금 인상률은 물가인상률의 두세 배를 훨씬 웃돌았다. 오히려 각 대학들의 과도한 등록금 인상이 물가인상을 부추겼다는 비판이 가능하다.[1]

각 대학 당국이 이야기하는 학교 발전의 논리 역시 대학들이 쌓아놓고 있는 6조 원 규모의 적립금을 보면 이해가 가지 않는다. 대부

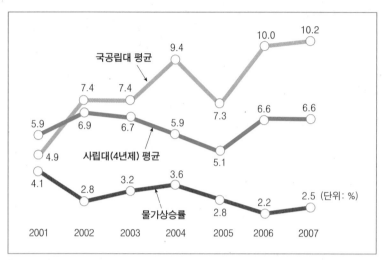

[그림 1-1] 대학등록금 인상률과 물가상승률 비교　　　　* 자료: 민주노동당 최순영 의원실

분의 적립금은 학교 발전을 위해 각 대학들이 모아놓는 돈이다. 주로 건축, 연구, 장학 등의 목적으로, 말 그대로 학교의 장기적 발전을 위해 비축해놓는 자금인데 이 적립금 중 상당수가 학교 발전의 주된 목표인 건축이나 연구가 아니라 목적이 불분명한 '기타'의 목적으로 적립되어 있는 경우가 많다.[2]

　따라서 학생이나 학부모의 입장에서는 '기타'라는 불분명한 목적

1　　최근 현대경제연구원의 보고서에 따르면 생활물가 인상의 주된 요인으로 유가 인상과 교육비 인상을 꼽고 있다.

2　　사립대의 누적 적립금은 2006년 말 6조 3910억 원이었다. 전년도보다 6225억 원이 더 늘었다. 이른바 주요 대학들은 3000~5000억 원씩 적립금을 쌓아두고도 지난해 8~12퍼센트씩 등록금을 올렸다. 게다가 적립금은 용도가 불분명한 기타 적립금 (42퍼센트)이거나 땅 사고 건물 올리는 건축 적립금(40퍼센트)이 대부분이다. 이것만 활용해도 등록금 인상 요인은 크게 준다(《한겨레》 2008년 1월 18일자).

으로 쌓여 있는 적립금만 활용하더라도 등록금 인상을 낮출 수 있지 않겠냐고 반문할 수밖에 없는 것이다. 오히려 학생이나 학부모들은 각 대학들의 등록금 인상률 담합을 주장하고 있다.

실제 각 대학들은 매년 초 정기총회에서 기획처장이나 재무처장들이 모여 해당년도의 대학등록금 인상률을 전국적으로 정하고 각 대학들은 이에 맞추어 학생들과의 등록금 협상에 임한다.[3] 따라서 각 대학마다 어느 정도의 차이는 있지만 연초에 정한 인상률 이하로 내려가는 경우는 거의 없다고 봐도 무방하다. 심지어 등록금 협상 과정에서 대학 실무자들이 "전국의 각 대학들이 합의한 사안이기 때문에 우리 학교만 그 아래로 내리는 것은 곤란하다"며 하소연하는 경우도 있다.

---

3   지난 1월 전국의 국립과 사립 90여 개 대학교의 기획처장들이 정기총회에서 7~8퍼센트라는 구체적인 수치를 거론한 것 자체가 담합이라는 의견도 있습니다. 그러나 공정위는 학교나 학과마다 인상률이나 인상금액에서 큰 차이가 있어 담합 여부를 가리는 데 어려움이 있는 것으로 전해졌습니다('mbn뉴스' 2007년 4월 9일 보도).

02 | 대학등록금을 둘러싼 이상한 일들

 그렇다면 이렇게 심각한 갈등을 유발한 '등록금 1000만 원 시대'는 어떻게 해서 등장한 것일까? 등록금 1000만 원 시대의 원인을 바라볼 때 중요한 것은 이 원인이 결국 각 대학들의 '비도덕성'이라든지 '이기심' 등에 있는 것이 아니라는 점을 인식하는 것이다. 원인은 '구조'에 있다. 현재 한국 사회의 대학교육의 구조가 등록금 1000만 원 시대를 등장시킨 가장 주요한 원인이다.

 이 사실은 우리에게 몇 가지를 시사한다. 첫 번째는 결국 등록금 인상을 둘러싼 갈등이 일개 대학 차원에서는 근본적 해결이 불가능하다는 것이다. 각 대학들의 비도덕성이나 이기심이 원인이 아니기 때문에(이 말이 각 대학들의 과도한 등록금 인상을 두둔하는 것은 아니다) 비록 일개 대학 차원에서 등록금이 동결되거나 인하된다 하더라도 그것은 일시적인 현상일 뿐이다. 두 번째는 등록금 1000만 원 시대의 원인이 대학교육의 구조 그 자체에 있기 때문에 이 구조를 바꾸는 것은 필연코 한국 사회 전체를 바꾸는 문제와 연결된다는 점이다.

첫 번째 시사점은 현재의 대학교육 체제의 구조적 문제점을 차분히 짚어보면 될 것이나 두 번째 시사점은 한국 사회 전체를 다시 디자인하는 문제이기 때문에 훨씬 심도 있는 논의와 연구가 필요하다.

과도한 사립대 의존율과 대학서열화

한국의 대학교육 체제는 전 세계에서 찾아보기 힘들 정도로 매우 특수한 성격을 띠고 있다. 그 중에서 가장 눈에 띄는 것은, 국가가 고등교육, 그러니까 대학교육에서 담당하고 있는 비중이 지나치게 작다는 것이다. 이는 전 세계에서 유래를 찾아보기 힘들 정도인데 다음의 표를 보면 쉽게 알 수 있다.

[표 1-4] GDP 대비 고등교육기관에 대한 교육비 비율 현황

구 분		OECD 평균	한국	미국	영국	일본	캐나다	독일	프랑스
• GDP 대비 고등교육기관에 대한 교육비(%)		1.4	2.7	2.7	1.1	1.1	2.5	1.0	1.1
	공공재원	1.0	0.4	0.9	0.8	0.5	1.5	1.0	1.0
	민간재원	0.3	2.3	1.8	0.3	0.6	1.0	0.1	0.1
• 고등교육기관에 대한 공공·민간투자의 상대적 비중(%)	공공재원	78.2	15.9	34.0	71.0	43.1	58.6	91.3	85.6
	민간재원	21.8	84.1	66.0	29.0	56.9	41.4	8.7	14.4

[표 1-4]에서 확인할 수 있듯이 한국은 고등교육기관에 대한 공공투자와 민간투자의 상대적 비중이 15.9퍼센트 대 84.1퍼센트로 심각하게 민간에 의존하고 있다. 이것은 한국의 대학교육이 지나치게 사립대학을 중심으로 구성되어 있다는 것을 의미한다. 한국의 사립대학 비중은 전문대학은 95.68퍼센트, 4년제 대학은 75.23퍼센트에 이

를 정도로 사립대학이 대학교육의 대부분을 차지하고 있다. 뒤에서 살펴보겠지만 이러한 사립대학들은 학교 운영의 대부분을 학생들의 등록금에 의존하고 있기 때문에[4] 매년 등록금을 인상하지 않으면 학교를 운영할 수가 없는 상황에 있다.

이를 통해 알 수 있는 것은, 한국의 대학교육은 국가가 거의 책임지지 않는다는 것이다. 애초에 사립대학을 중심으로 대학교육을 구성했으며, 사립대학들이 등록금을 인상해서 학교를 운영하지 않으면 대학교육을 책임질 수가 없기 때문에 국가는 사립대학들의 과도한 등록금 인상을 방치할 수밖에 없는 근본적인 문제점을 안고 있다.

또 전 세계에서 유래를 찾기 힘든 한국 사회만의 특이한 대학교육 체제가 있는데 바로 '대학서열화'다. 어느 나라나 명문대, 또는 전통 있는 대학 등이 있게 마련이다. 일본의 경우 동경대, 미국의 경우 하버드대나 예일대 등이 이에 해당할 것이다.

그러나 전 세계의 어떤 나라도 전체 약 300여 개의 대학에 1등부터 300등까지 등수가 매겨져 있고, 매년 수십만 명의 고등학생들을 시험 등수별로 줄을 세워 1등 대학부터 300등 대학까지 입학시키고, 다시 졸업생들을 줄을 세워 출신 대학별로 취업시키는 시스템을 가지고 있지는 않다.

한국의 대학교육은 이른바 학벌체제, 또는 대학서열화 체제라고 부르는 특이한 시스템을 그 기본구조로 하고 있다. 이러한 대학서열화 체제가 등록금 인상과 직결되는 문제인 것은, 이른바 명문대라

---

4   우리나라의 대학은 재원의 76.7퍼센트를 학생등록금 수입에 의존(OECD 평균 21.4퍼센트)하고 있다.

불리는, 대학서열에서 상위에 있는 대학들이 우수한 인력과 자본을 독점하고 나머지 대학들은 이를 다른 방식을 동원해서라도(그것이 주로 등록금 인상을 통한 몸집불리기가 될 것은 뻔하다) 어떻게든 쫓아가지 않으면 안 되도록 한다는 데에 있다.

대학서열화 체제에서는 대학들이 우수한 연구성과를 내거나 실력 있는 인재를 키워내서 발전하는 것이 아니라 사법고시나 행정고시 같은 고시에 많이 합격시키거나 삼성이나 엘지 같은 대기업에 취업을 잘 시킬 수 있도록 해야 발전 가능하도록 만들고 있다. 따라서 대학서열화 체제에서 상위에 있는 서울대, 연고대 같은 일부 대학을 제외한 대부분의 대학들은 수업의 질이나 연구 등에 투자하기보다는 등록금을 과도하게 인상해서라도 학교의 외형을 키우고 시설을 늘려서 이른바 '삐까번쩍'한 학교를 만들고 싶어 한다.

마치 학부모들과 기업들에게 자기 학교에는 많은 자본이 있으며 이 자본들을 학생들에게 투자한다고 과시하는 것과 같은데 실상은 학생들에 대한 투자가 아니라 고스란히 건물에 대한 투자로 이어진다. 이런 대학들은 외형을 키우는 몸집불리기라도 해야 대학서열화 체제에서 상위에 있는 일부 대학들을 쫓아갈 수 있다고 생각하는 것이다.

가장 비극적인 것은 이른바 국공립대학들도 이러한 대학서열화 체제에서 사립대학들과 경쟁해야 한다는 것이다. 따라서 국공립대학들도 어떻게 해서든 외형을 키우는 데에만 집착하게 되고 등록금 인상에 집착하는 결과를 초래한다.

대학등록금 인상은 대학서열화 체제의 상위에 있는 서울대, 연고대 등이 주도하지 않는다. 서울대, 연고대 등이 우수한 인력과 자본을 독점하고 있는 상황에서 오히려 이를 쫓아가려는 지방의 사립대와 국공립대들이 경쟁적으로 등록금을 인상하고 있으며, 서울대, 연고대 등은 여유 있게(?) 등록금을 이에 맞추어 적절히 인상하는 형태를 취하고 있다. 따라서 일반적인 인식과는 다르게 이른바 서울 소재 명문대학들의 등록금은 지방의 사립대학들보다 비싸지 않다. 오히려 지방 사립대학들의 등록금이 더 비싸다. 이러한 대학서열화 체제는 더욱 강화되고 있다. 따라서 지방의 사립대와 국립대들은 더욱더 등록금 인상에 매달린다.

한국 사회의 대학서열화 구조는 주로 입시제도의 변화에 따라서 더욱 강화되어왔다. 결정적인 계기는 1994년도 대학수학능력시험이 도입되고 나서부터다. 기존의 학력고사식 주입식 교육의 폐해를 극복하겠다고 내놓은 대학수학능력시험이 오히려 대학서열화를 강화하는 결과를 초래한 것인데 사교육이 비대하게 팽창하게 된 원인이기도 하다.

그나마 학교에서 암기식으로 공부하고 대학에 진학하는 것이 가능했던 학력고사와는 다르게 다양하고 유연한 사고를 하게 한다는 미명 아래 진행된 대학수학능력시험이라는 제도는 오히려 대학서열화를 강화하고 지방대학들을 중심으로 심각한 위기의식에 빠지게 만들었다. 위기의식에 빠진 지방 사립대학들이 경쟁적으로 등록금을 인상하기 시작했고 서울 소재 명문대학들은 대학자율화의 바람을 타고 더욱더 몸집 불리기에 나섰다.

대학경쟁력 강화를 외치는 교육부는 이를 부추긴 장본인이기도 하다. 국공립대학들 역시 정부의 턱없는 예산지원과 교육부의 구조조정에 대한 압박 속에서 등록금을 인상했다. 이것이 지난 10여 년간 각 대학들이 경쟁적으로 대학등록금을 인상해온 주요배경이다.

🌱 학자금 융자사업은 고리대금업

이미 1년에 1000만 원에 달하는 대학등록금을 마련할 수 있는 방법은 매우 한정되어 있다. 과외나 아르바이트를 통해서 마련하기에는 턱없이 높은 액수며 일반 서민가계의 소득으로도 매년 1000만 원, 대학생 자녀가 둘 이상이라면 2000만 원 이상의 여윳돈을 마련하는 것은 쉽지 않다. 따라서 최근 학생들이 가장 선호하는 등록금 마련 방법은 '정부보증 학자금 융자제도'다.

2004년도까지는 정부는 심사만 하고 시중은행들이 자율적으로 연이율 4퍼센트 정도로 학자금 융자를 해주었다. 그러다가 2003~04년도에 시중은행들이 특별한 이윤이 남지 않는 학자금 융자사업에서 대거 철수하기 시작하자 학자금 융자를 받지 못해 등록금을 마련하지 못하는 대학생과 학부모들에게 심각한 문제가 발생하기 시작했다. 이를 보완하기 위해 2005년부터 정부가 채권을 발행하고 이를 유동화해서 학자금을 융자해주는 제도를 마련한 것이 현재 정부보증 학자금 융자제도다.

등록금이 매년 가파르게 상승하면서 서민가계의 소득으로는 더 이상 감당이 되지 않자 학자금 융자를 이용하는 학생들도 급격히 증가했다. 학자금 융자를 받는 학생들의 대부분은 상대적으로 저소득층인데 현재 융자를 받는 학생들의 50퍼센트 이상이 가계의 연소득이 2000만 원 이하다.

[표 1-5] 정부보증 학자금 융자의 규모

연도	2005년 2학기	2006년 1학기	2007년 1학기
대출인원(명)	182,000	256,000	308,000
대출액(억 원)	5,223	8,331	10,957

※ 자료: 교육기술과학부

이는 미국식 학자금 융자제도를 가져온 것으로 정부가 정한 일정 정도의 고정금리로 대출을 받고 이를 10년 또는 15년에 걸쳐서 갚아나가는 제도다. 그러나 문제는 지나치게 높은 이자율이다. 2009년 현재 학자금 융자제도의 연이자율은 7.3퍼센트다. 이는 정부가 시행하는 모든 대출제도 중에서 가장 높은 이자율인데[5] 상식적으로 학자금 융자의 이자율이 주택담보대출의 이자율보다 높다는 것은 납득이 가지 않는다.

처음 이 제도가 시행될 때부터 높은 이자율에 대해서 많은 비판이 있어왔다. 그러나 정부 측의 변명도 일리는 있는 것이, 실제 정부가 보증을 하기는 하지만 일정 정도의 이자율을 담보하지 않으면 현재 한국에 있는 은행들이 학자금 융자사업을 하지 않는다는 것이다. 현재 한국 사회가 과거처럼 관치금융의 시대가 아닌 만큼 은행들은 정부가 진행하는 사업이라도(비록 그것이 학자금 융자라 할지라도!) 이윤이 남지 않는다면 사업을 추진하지 않는다.

이는 깊게 들어가면 현재 한국의 은행들이 지나치게 수익성만을 좇는다는 것을 의미한다. 이미 시중은행의 주식지분 중 80퍼센트 이상이 외국자본의 소유가 된 만큼 은행들은 수익성을 최대로 높여서 외국자본들에게 배당을 많이 하는 것이 중요하기 때문이다. 1997년 IMF 이후 논란이 되고 있는 한국 경제에서의 외국자본의 역할에 대한 문제가 대학생들의 학자금 융자에서도 나타나고 있는 것이다.

---

5   정부가 시행하는 다양한 대출 중에서 영세민 전세자금 대출의 이자율은 3퍼센트, 주택구입자금 대출은 5.25퍼센트, 소상공인창업경영자금은 4~6퍼센트, 정부투자기관 직원 대출은 3.05~6퍼센트 수준에서 이루어지고 있다.

더구나 학자금 융자의 금리는 매년 1월 초에 5년만기 국고채 금리를 기준으로 정하는데 금리의 등락폭이 커지는 등 최근 한국의 금융시장이 불안해지면서 일순간에 학자금 융자금리가 급등할 수 있다는 점도 문제다. 2007년 학자금 융자의 이자율은 6.6퍼센트 수준이었지만 1년 만인 2008년에는 이자율이 7.6퍼센트로 급등하게 된 것은 2008년 1월 초에 채권금리가 급등한 데에 있다.

여하튼 이 정도의 이자율은 학생들에게 상당한 부담이 아닐 수 없다. 일단은 급한 대로 학자금 융자를 받기는 하지만 향후에 이자를 포함해서 원금을 상환할 때쯤이 되면 부담은 매우 커질 수밖에 없다. 이러한 문제점들 때문에 학생과 학부모들은 정부가 학생들의 등록금 마련을 위한 학자금 융자를 두고 고리대금업을 하고 있다고 날선 비판을 하기도 한다. 이에 대해서 '교수노조'와 같은 단체들은 학자금 융자제도의 확대는 등록금 문제의 해결책이 될 수 없으며 호주나 영국과 같이 '등록금 후불제Graduate tax'[6]를 도입하자고 주장하기도 한다.

🐚 사립대학의 이상한 '묻지마 적립금'

매년 대학생들과 각 대학들이 6조 원 규모의 쌓여 있는 돈을 두고 논쟁을 벌인다. 바로 사립대학들이 쌓아놓고 있는 '대학적립금'이다. 사립대학들의 적립금은 매년 증가하는 추세에 있는데 현재는 약 6조 원에 달하고 있다.

---

6   '졸업세'라고도 부르며 학교를 다닐 때는 돈을 내지 않다가 졸업 후 취직한 다음 일정 정도의 소득에 도달했을 때 세금의 형태로 내는 제도를 말한다.

적립금이란 대학들이 건축, 연구, 장학금 등의 이유로 일정 정도의 돈을 쌓아두는 것을 말한다. 이 중에는 이전 연도 회계에서 사용되지 않고 다음 연도로 넘어가는 이월금도 포함되어 있다. 그런데 문제는 이 액수가 어마어마하다는 데에 있다. 적립금을 가장 많이 쌓아두고 있는 이화여대의 경우 5488억 원, 홍익대의 경우 2965억 원, 연세대의 경우 2397억 원 등 많게는 수천억 원, 적게는 수백억 원의 돈을 사립대학들이 쌓아두고 있다.

1년에 7~8퍼센트씩 등록금을 인상해서 추가되는 액수가 100억 원에서 200억 원 정도의 규모인데, 수천억 원의 적립금을 쌓아두고서 등록금을 추가로 인상한다는 것이 학생과 학부모의 입장에서는 쉽게 납득이 되지 않는 것이다.

각 대학들은 대학이 발전하기 위해 연구활동에 들어가는 돈, 장학금에 들어가는 돈, 건축에 들어가는 돈 등이 있기 때문에 이를 등록금 동결이나 인하에 사용할 수는 없다고 한다. 그러나 적립금의 명목 중 '기타'에 포함되는 '기타 적립금'의 비율이 42퍼센트에 달하기 때문에 대학들의 주장이 설득력을 얻지는 못하고 있다. 언론들은 이렇게 특정한 사용목적이 없이 무조건 쌓아놓고 보자는 식의 적립금 축적을 '묻지마 적립'이라고 부르기도 한다.

각 사립대학들의 과도한 적립금 축적이 문제가 되자 교육부가 이를 견제하려 나서기도 했지만 상황은 전혀 나아지지 않고 있다. 앞에서 지적했듯이 각 대학들은 여하튼 몸집 불리기에 나설 수밖에 없는 구조에 있기 때문에 어떻게 해서든 적립금을 최대한으로 확보하려 하기 때문이다.

따라서 적립금을 단기간 내에 많이 확보한 대학이 대학 서열에서 상위로 올라서기도 하는데 최근에는 '숙명여대'가 그러한 케이스로 이야기되고 있다. 이명박 정부의 인수위원장을 했던 이경숙 씨가 숙명여대 총장으로 재임했던 시절 숙명여대는 엄청난 규모의 적립금을 확보했고[7] 이는 학교의 이른바 서열이 올라가는 결과를 낳았다.

이러한 성공(?) 케이스가 있기 때문에 지방의 사립대들도 경쟁적으로 적립금 확보에 열을 올린다. 게다가 서울 소재 명문대학들에 비해서 상대적으로 동문들이 사회에서 유력인사 등으로 활약(?)하지 못하는 지방 사립대학들은 적립금 확보를 위해서라도 매년 등록금을 인상할 수밖에 없는 처지다.

🥄 대학기금의 주식투자는 등록금을 인하해줄까

최근에 교육부는 각 대학 적립금의 50퍼센트를 주식투자에 사용할 수 있도록 허용했다.[8] 이는 앞으로 지금까지 진행되어온 '묻지마적립'을 더 가속시키는 촉매가 될 것이다. 이미 수천억 원의 적립금을 확보한 일부 대학들은 공격적으로 주식투자에 나설 것이고 지방의 사립대학들 역시 주식투자를 위해 적립금 확보에 열을 올릴 것이기 때문이다.

7 　　이 총장은 사립대 직선제 총장을 14년간 네 번 연임하는 기록을 세웠다. 1994년 취임 당시 '제2의 창학'을 선언하며 학교발전기금 1000억 원 모금을 공약했고, 개교 100주년인 지난해 이를 달성했다. 그의 재임 기간 학교 캠퍼스가 세 배로 넓어졌고 21개의 건물이 지어져 '토목건축 총장' 'CEO 총장'이라고 불렸다(《조선일보》 2007년 12월 25일자).

8 　　교육부는 2007년 11월 각 대학 적립금의 50퍼센트를 주식투자에 사용할 수 있도록 사학기관 재무회계 규칙 개정령을 입법했다. 개정안에 따르면 향후 사립대는 적립금을 머니마켓펀드(MMF), 채권, 주식 등의 다양한 수익증권에 투자할 수 있게 되었다.

미국의 대학들은 이미 오래 전부터 학교의 기금으로 헤지펀드나 외국의 채권 등에 투자를 해왔다. 예일대나 하버드대 등은 이를 통해 지난 10년간 16퍼센트에 달하는 높은 수익을 올리고 있다. 기금의 규모가 워낙 크다보니 수익의 규모도 엄청난데 하버드와 같은 미국의 대학들은 이를 통해 얻은 수익을 학생들의 장학금 확대에 쓰기도 한다.

따라서 최근 대학들의 주식투자 허용에 대해서 학생들은 오히려 환영하는 입장을 보이기도 한다. 대학등록금이 워낙 비싸다보니 각 대학들이 주식투자를 통해 수익을 얻으면 이를 등록금 인하 등에 사용할 것이라는 기대가 있기 때문이다.[9]

[그림 1-2] 2002~03년 사립대학 누적 이월적립금 증감 현황

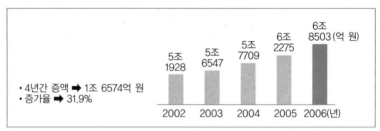

※ 자료: 사립대학회계정보시스템
※ 2002년 148교, 2003년 153교, 2004년 154교, 2005년 156교, 2006년 155교 대상

9 '대학의 자금운용(아래 자금운용)'을 어떻게 생각하느냐는 물음에 70.3퍼센트의 학생들이 긍정적이라고 답했다. '대학자금의 등록금 의존율을 줄이는 효과가 있을 것'이라는 대답이 50.2퍼센트로 가장 큰 이유로 꼽혔다. 다음으로는 29.4퍼센트를 차지한 '대학경쟁력 강화'가 뒤를 이었다. 등록금을 미국 대학들처럼 높이는 것이 불가능한 상황에서 이러한 자금운용을 통한 수익 창출에 기대를 걸어볼 만하다는 것이다. 학생들은 자금운용을 통한 수익 활용은 '장학금 혜택을 포함한 학생복지 향상(28.5퍼센트)'과 '등록금 삭감(26.8퍼센트)'에 큰 기대를 보였다. 이 밖에 '편의시설 및 강의실, 실험실 등의 시설 증설'과 '교육 서비스의 질 향상' 등의 답변도 나타났다(《연세춘추》 2007년 10월 8일).

[표 1-6] 2007년 주요 사립대학의 등록금 인상 및 누적 이월적립금(교비회계) 현황

대 학	등록금 인상		누적 이월적립금(억 원)
	인상률(%)	인상분(억 원)	(2007년 2월 현재)
건국대	6.8	116	468
경희대	7.4	163	1367
고려대	7.6	221	1622
국민대	6.8	75	286
단국대	7.9	137	814
동국대	7.4	129	569
명지대	7.2	77	105
서강대	7.3	54	702
성균관대	7.4	133	824
성신여대	7.7	54	1143
세종대	8.9	70	306
숙명여대	6.5	61	1446
숭실대	10.4	92	1158
연세대	8.6	243	2397
이화여대	5.9	96	5488
중앙대	7.8	148	513
한국외국어대	7.6	82	283
한양대	6.8	171	1037
홍익대	7.9	117	2965

※ 인상분: 자금계산세상의 2006년 등록금 총액×2007년 인상률

그러나 연세대학교와 같이 적립금이 많이 쌓여 있는 일부 사립대학들은 교육부가 법을 개정하기 전부터 실제 주식투자를 해왔다. 이미 2003년부터 삼성증권과 함께 연세대학교, 이화여자대학교가 3000억 원 규모의 YES 아카데미 펀드를 운용해왔다. 고려대도 마찬가지였으며 서강대 등의 학교들도 채권이나 펀드 등에 투자해왔다. 실제 교육부의 조치는 이를 사후에 합법화해준 것에 지나지 않는다.

대학들이 주식투자를 통해 매년 10퍼센트에 달하는 이익을 보기는 했지만 이를 등록금 동결이나 인하에 사용한 예는 전무하다. 대학들이 적립금을 통해 투자해온 과정이 어떻게 되었는지, 얼마나 이익을 보고 얼마나 손해를 보았는지는 아직 공개된 적이 없다.

학생들의 기대와는 달리 대학들이 적립금의 주식투자를 통해 벌어들인 이익을 등록금 인하에 쓰는 경우는 없을 것이다. 오히려 지방의 사립대학들과 국공립대학들이 수도권 상위권 대학들의 몸집불리기를 쫓아가기 위해 적립금이나 기금을 확보하려고 경쟁적으로 등록금 인상에 나서는 최악의 결과를 낳을 가능성이 크다.

03 | 대학등록금 1000만 원과 한국 사회

    대학등록금이 연간 1000만 원에 달하게 되었다는 것은 이미 이 문제가 대학등록금이 비싸서 내기가 힘들다는 단순한 수준을 넘어서는 문제로 변화했음을 의미한다. 다시 말하면 대학등록금이 연간 300~400만 원 수준에서 1000만 원을 돌파하면서 대학등록금을 둘러싸고 다양하고 새로운 문제가 발생했다는 의미이며 이 새로운 문제는 대학생들만이 아니라 사회 전체 구성원의 문제로 확대되었다는 것이다.

    단순히 등록금이 비싸다는 측면에서만 이 문제에 접근하면 문제의 심각성을 정확하게 인식하지 못하게 된다. 연간 1000만 원에 달하는 돈, 4년에 걸쳐서 낸다고 하면 총 4000만 원에 달하는 돈이기 때문에 한 사람의 인생, 한 가정의 미래가 달라지는 문제다.

    이 정도의 액수면 지방에서는 아파트 전세자금의 수준이다. 최근 관심을 모으고 있는 고령화 사회의 문제로 보면 노후자금의 대부분에 해당하는 수준이기도 하다. 간단하게 비정규직의 문제로 접근하더라도 비정규직 임금의 3~4년 치에 해당하는 수준이다. 그리고 20대 대학생이 학교를 졸업한 후 20대가 끝날 때까지도 마련하기 힘든 액수의 돈이기 때문에 20대 전반에 걸쳐서 영향을 미치는 문제이기도 하다. 이처럼 대학등록금 1000만 원 시대가 의미하는 바는 다양할 수 있다. 이렇게 다양한 측면에서 연간 1000만 원에 해당하는 대학등록금이 어떠한 문제를 일으키는지 차분히 짚어볼 필요가 있다.

🍵 대학생 잡는 대학등록금 1000만 원

대학등록금이 연간 1000만 원에 달하면서 가장 직접적으로 피해를 입는 대상은 학생들이다. 이제 막 고등학교를 졸업한 학생들이 스스로의 힘으로 연간 1000만 원에 달하는 등록금을 마련할 수 있는 방법은 전무하다.

이것이 과거와 달라진 주요 지점인데, 과거에는 대학생들이 아르바이트를 하거나 주변의 지원으로 등록금을 마련하는 것이 가능했다. 등록금이 연간 300만 원 정도 하던 1990년대 초까지의 이야기다. 그러나 지금 등록금을 아르바이트로 번다는 것은 불가능하다.

2009년 현재 아르바이트에 적용되는 시간당 최저임금은 4000원 수준이다. 그런데 이 정도의 임금으로 1년 동안 1000만 원을 마련하기 위해선 하루 8시간씩 312일을 일해야 한다. 1년은 365일이니까 사실상 일요일을 제외하면 1년 내내 일해야 가능하다는 이야기다. 그러나 이 대학생은 하루 8시간씩 일만 해야 하는 것이 아니라 학교수업도 들어야 하므로 하루 8시간씩 312일을 일한다는 것은 불가능하다. 이 대학생이 스스로의 힘으로 등록금을 마련하기 위해서는 당연히 휴학을 해야 할 텐데 이렇게 휴학과 복학을 반복하다보면 자연스레

학교를 졸업할 때까지의 기간이 늘어난다.

　이러한 과정에서 많은 학생들은 학교를 자퇴하거나 장기휴학을 하고 돈을 버는 사태가 벌어진다. 아르바이트를 하면서 수업을 듣는다 해도 취업난으로 극심해진 대학 내 학점경쟁 속에서 하루 8시간의 아르바이트를 하면서 살아남기란 불가능하다. 따라서 결국은 휴학을 선택하거나 다른 학생들과의 학점경쟁에서 뒤처지는 결과를 감수할 수밖에 없다.

　이런 상황에서 각 대학들은 대학경쟁력 강화를 이유로 등록금을 인상하지만 이것이 오히려 학생들의 학업에 대한 집중도를 현저히 떨어트리는 역설이 발생해버린다. 따라서 등록금 인상에 반대하는 학생들에게서 "공부만 하면서 대학에 다니고 싶어요!" 등과 같은 주장들이 나오기도 하는 것이다.

　그런데 가만히 생각해보면 같은 20대 대학생들 중에서도 등록금을 스스로 마련해야 하는 학생과 그럴 필요가 없는 학생이 있다. 부모가 얼마나 지원해줄 수 있는가의 문제인데, 부모가 1년에 1000만 원에 달하는 등록금을 어렵지 않게 내줄 수 있는 학생이라면 등록금 걱정을 하거나 아르바이트를 할 시간에 학업에 집중하거나 다양한 능력개발에 몰두할 수가 있다. 그러나 부모가 도저히 등록금을 따로 마련할 여력이 없다면 이 학생은 스스로 등록금을 벌면서 학업과 능력개발을 해야 하는 이중고를 겪을 것이다.

　부모가 등록금을 충분히 마련해줄 수 있는 학생은 오히려 아르바이트를 통해서 다양한 문화생활과 능력개발에 투자할 여력이 생기기도 한다. 그러나 그렇지 않은 학생의 경우 아르바이트 임금은 고스란히 등록금을 마련하는 데 사용될 테고 문화생활과 능력개발 등에 사용할 여분의 돈은 다른 방법을 통해서 마련하거나 아예 이러한 생활들을 포기할 것이다. 이 순간 말 그대로 '대학내 양극화'가 발생한다.

더 나아가서 부모의 도움으로 1000만 원에 달하는 등록금을 마련하고 학업에만 열중할 수 있는 학생 A와 본인이 아르바이트 등을 통해 스스로 등록금을 마련하면서 똑같이 학업을 수행하는 학생 B가 동시에 같은 공간에서 학점경쟁을 하는 것이 과연 공정한지 따져봐야 할 것이다.

아직까지 이들의 학점 차이가 발생했다는 실증적인 연구결과는 없다. 그러나 조금만 더 깊이 생각해보면 같은 학점을 받고서도 A 학생은 회화실력, 문화적 소양 등에서 더 우위에 설 수 있는 조건에 있고, B 학생은 그러한 부차적인 능력들을 개발하지 못하면서 열등한 상황에 놓이게 될 것이라는 점을 예상할 수 있다.

이것은 비단 2000년대 후반에 들어선 지금의 문제만은 아닐 것이다. 1960~70년대의 대학교 내에서도 부잣집 출신 학생과 가난한 집 출신 학생의 위화감은 있었을 것이다. 그러나 현재 등록금이 연간 1000만 원에 달하는 상황에서 이러한 문제는 단순한 '위화감'과 같은 심리적인 문제를 넘어서 실질적인 양극화를 초래하고 있다는 점에서 차원이 다르다.

이것은 '친구들끼리 사이좋게 지내야지'에 익숙한 한국 사회에서는 상당히 불편한 문제제기지만 이미 현실이다. 강남의 어느 학교 출신과 강북의 어느 학교 출신, 그리고 지방의 어느 학교 출신을 이미 다른 시선으로 보는 사회에서, 그리고 이미 태어난 병원을 기준으로 친교관계가 맺어지는 사회에서 대학 내 양극화 문제는 현실적인 문제다. 이젠 솔직하게 문제를 인정할 때가 된 것이다.

이러한 불리한 조건을 피하기 위해서 학생 B가 합리적으로 선택할 수 있는 방법은 앞에서 언급한 학자금 융자를 받는 것이다. 일단 학자금 융자를 통해서 대학생활 동안은 학업에 열중하고 향후 취업을 통해서 이를 조금씩 갚아나가겠다고 판단할 것이다. 그러나 졸업할 때쯤이면 이러한 판단이 별로 상황을 유리하게 해주지 못한다는 것을 깨닫게 된다. 왜냐하면 학자금 융자를 통해서 그 학생이 지게 되는 빚이 2000만 원, 3000만 원에 달하게 되면 졸업 후에 차분히 자신의 적성과 자신이 원하는 조건에 맞는 직장에 취업하기보다는 일단 빨리 취업을 해서 쌓여 있는 수천만 원의 빚을 갚아야 한다는 압박감에 시달리기 때문이다.

대학생활 동안 동등하게 경쟁하기 위해 학자금 융자를 선택한 결과는 취업할 때쯤 융자상환에 대한 압박 때문에 '비정규직'으로라도 일단 취업해서 학자금 융자로 생긴 빚을 청산해야 한다는 선택을 강제한다. 이른바 '묻지마 취업'이 발생하는 것이다. 뒤에서 따로 언급하겠지만 이러한 '묻지마 취업'은 불리한 노동조건과 적성에 맞지 않는 직업으로 인해 반복실업을 초래하며 이 학생을 결국 통계상에 '구직포기자' 또는 '그냥 쉬었음' 등으로 나타나는 니트NEET족으로 전락시킨다.

현재 등록금이 연간 1000만 원에 달하면서 대학등록금의 문제는 청년실업 문제와 밀접한 연관관계를 갖게 되었다. 연간 300만 원 정도 하던 1990년대 초까지의 대학등록금 문제는 취업문제와 크게 연관성이 있지는 않았다. 4년 치 등록금을 합해도 1200만 원 정도였으니 이 정도는 대기업 취업이 가능하던 1990년대 초만 해도 1년 치 임금의 절반 정도면 충분히 만회하고도 남았기 때문이다.

그러나 청년실업자가 100만 명에 육박하고 임금 수준이 높은 대기업 취업이 쉽지 않은 지금 4년 치 대학등록금 4000만 원은 대기업 대졸 신규취업자의 1년 치 연봉을 모두 쏟아 부어도 만회할 수 없는 액수다. 따라서 대학을 졸업한 학생들이 한 달에 88만 원을 받는 비정규직이나 기껏해야 연봉 1200~1500만 원 정도 하는 중소기업에 취업하기를 꺼리는 것은 당연하다.

이런 일자리는 본인이 대학 졸업을 위해 그간 투여해온 자본을 2~3년의 노력으로도 만회하지 못하게 하며 이는 향후 안정적인 생활을 하지 못하게 만들거나 대기업에 취업한 동료들과의 차이를 벌어지게 하는 결과밖에 낳지 못하기 때문이다. 청년들의 눈높이가 너무 높아서 청년들이 중소기업 일자리를 회피하는 것이 아니라 대학등록금이 연간 1000만 원에 달하게 된 현실 때문에 청년들이 중소기업 일자리를 회피하는 것이다.

🥄 노동자, 서민 잡는 대학등록금 1000만 원

지금 20대 대학생 자녀를 둔 부모들의 연령대는 대부분 45세에서 55세 정도다. 통계청의 조사에 따르면 한국에서 평생 동안 가장 많은 소득을 올릴 때가 45세에서 55세 사이라고 한다. 이 연령대가 직장에서 가장 높은 임금을 받을 때이며 안정적으로 노후준비 등을 할 때라고 할 수 있다.

일반적으로 한국 사회의 부모들은 자녀들을 대학까지 보내놓고 생애소득이 가장 높을 시기인 40대 후반이나 50대 초반부터 노후준비를 시작한다. 최근 한국 사회에 불었던 주식투자, 펀드투자 바람의 주요 원인도 이 연령대의 부모들이 노후준비를 위해 주식이나 펀드에 투자했기 때문이다. 이는 특별히 한국에만 있는 현상은 아니며 미국이나 일본에서도 일반적이다. 그러나 한국에는 이와는 별도로 매우 특별한 상황이 초래된다. 바로 대학등록금이 연간 1000만 원에 달하면서 발생하는 상황이다.

한국 사회에서는 45세에서 55세 사이 연령대의 사람들이 대학생 자녀를 둔 부모로서 매년 자녀의 등록금으로 1000만 원에 달하는 돈을 지불해야 한다. 최소한 4년에서 5년간 대학등록금으로만 4000만 원에서 5000만 원에 달하는 돈을 지불하는데, 이 정도의 액수는 앞에서 언급한 평생 동안 가장 소득이 높은 45세에서 55세 사이에 저축 등을 거의 불가능하게 만든다. 따라서 자신들의 노후준비는 포기하다시피하고 이를 만회하기 위해 안정적인 적금이나 저축보다는 주식이나 펀드 등에 위험을 무릅쓰고 투자하게 된다. 즉 자녀의 대학등록금과 부모 세대의 노후보장이 갈등을 일으키는 것이다.

한국 사회처럼 노후보장 등에서 특별한 사회적 복지 시스템이 부족한 사회에서 이 문제의 심각성은 더욱 배가된다. 따라서 일반적으로 55세 이후 정년이 지나고 나서도 비정규직 등으로 취업을 해서라도 본인들의 노후를 꾸려나갈 수밖에 없으며 이것이 최근 50~60대의 고용률이 증가한 주요 원인이기도 하다.

그러나 여기까지는 그나마 중산층 집안의 이야기다. 똑같은 문제가 중산층 하위 이하의 서민가정에서는 더욱 심각해진다. 일반적으로 노동자, 서민층에서 45세의 연령은 이미 정리해고 대상이다. 1997년 IMF 이후 변화된 한국 사회의 노동조건이 그런 상황을 만들어낸 것인데, 이미 '사오정' 등의 신조어가 생겼을 정도로 유연화된 노동시장은 40대 중반 정도의 나이에 직장에서 높은 소득을 올리는 것을 허락하지 않는다.

그런데 이미 정리해고 대상에 오른 이 40대 중반의 노동자에게는 아직 대학에 다니는 대학생 자녀가 있다. 그리고 이 대학생 자녀의 대학등록금 때문에 어떻게 해서든 직장에서 정리해고되지 않고 오래 버티는 것이 중요하다. 따라서 잔업과 특근 등을 반복하며 가장 높은 노동강도를 유지하게 된다. 이러한 상황에 있는 노동자에게 '노후준비' 등은 오히려 배부른 소리일 수 있다. 일단은 자녀가 대학을 졸업할 때까지 버틸 것, 다음은 자녀의 대학등록금을 매년 1000만 원씩 만들어낼 것 등이 우선순위가 되기 때문이다.

대기업 정규직 노동자의 경우 그나마 2학기 또는 4학기씩 자녀의 대학등록금에 대한 일정 정도의 지원이 있지만 현재 900만 명에 달하는 비정규직 노동자의 경우 이는 그림의 떡일 뿐이다. 따라서 만약 부모가 비정규직 노동자라면 대학등록금 1000만 원 시대는 말 그대로 사형선고와 다름없다. 그나마 이러한 노동자들도 45세를 넘기면서까지 회사에 남아 있기는 힘든 것이 현실이다. 대부분의 노동자들은 자녀가 대학을 졸업하기 전에 회사에서 정리해고를 당한다.

이때 이 노동자들이 선택할 수 있는 방법은 많지 않다. 두 가지 정도가 가능한데, 하나는 비정규직 노동자로 살아가면서 월 100만 원 정도의 임금을 받으며 자녀가 대학을 졸업해 청년실업 100만 명 시대를 뚫고 취업하기를 기다리는 것이다. 다른 하나는 정리해고를 당하면서 받은 퇴직금으로 장사를 하는 것인데, 이미 이런 식으로 자영업에 나선 노동자들이 IMF 이후 수십만 명에 달하기 때문에 이는 오히려 한국의 서비스산업을 더욱 영세화할 뿐 아니라 경쟁의 격화로 대부분이 몰락하는 안타까운 결과를 낳는다. 상황이 이렇게 되면 다시 공은 대학생 자녀에게 돌아간다. 이러한 부모를 둔 대학생은 빚을 내서라도 빨리 학교를 졸업하고 취업해야 한다는 압박감에 시달린다.

노동자 집안에서 일어나는 이렇게 심각한 상황은 등록금 문제에서 그치지 않는다. 이 20대 자녀가 취업을 하느냐 마느냐가 아주 결정적인 문제가 될 것인데, 바로 청년실업 100만 명 시대가 이들을 기다리고 있기 때문이다. 이에 대해서는 다음 장에서 이야기하도록 하자.

최근에 '세대 간 갈등' '세대 간 착취' 문제가 사회적인 관심거리가 되고 있다. 20대에게 '88만 원 세대'라는 이름을 붙이며 이들의 미래를 막고 있는 것이 기존의 성공한 386세대라는 주장이다. 굉장히 중요한 사회적 문제를 지적한 주장이다. 그러나 실제 한국 사회의 노동자 집안에서는 세대 간 갈등이나 착취가 아니라 노동자 부모와 대학생 자녀가 생존을 위해 눈물겹게 연대하는 경우가 더 많이 일어나고 있다. 아직까지는 세대 간 착취라는 구도보다는 등록금 1000만 원 시대, 청년실업 100만 명 시대와 관련이 없는 일부 부유층, 특권층과 나머지 서민들의 대립이 더 본질적인 대립 구도임이 분명하다. 한국 사회에서는 세대 간에 대립하는 구도보다는 계급 간의 갈등이 여전히 본질적이라 할 수 있다.

🥄 한국 사회 잡는 대학등록금 1000만 원

대학등록금 1000만 원 시대가 이 시대를 살아가는 20대 대학생, 노동자, 서민에게만 문제가 되는 것은 아니다. 사회 전체적으로 보았을 때도 과도하게 오른 대학등록금은 다양한 문제를 초래한다.

첫 번째로는 대학교육을 비정상적으로 만든다.

연간 1000만 원씩 4년간 약 4000만 원이 넘는 돈을 등록금으로 낸 학생들은 자연스럽게 본인이 투여한 만큼 이를 임금으로 되돌려 받고 싶어 한다. 등록금이 이전처럼 가계나 학생 본인에게 아주 큰 부담이 되지 않는 정도라면 학생들은 본전(?)을 돌려받는 것보다 더 다양한 방식으로 본인의 미래를 계획하거나 고민하는 것이 중요할 것이다. 그러나 지금처럼 등록금이 부담스러운 상황이라면 학생들은 다양한 방향으로 본인들의 미래를 고민하기보다는 무조건 투여한 만큼 돌려받고 싶어 하게 된다.

물론 앞에서 지적했듯이 한국 사회 상위 1퍼센트 가정의 자녀들이라면 다를 것이다. 하지만 대부분의 학생들은 과도하게 오른 등록금을 높은 연봉으로 만회하기 위해 대기업 취업에 목숨을 걸거나 안정적으로 오랫동안 소득을 유지할 수 있는 공무원과 같은 특정한 분야에만 집착한다.

이는 대학의 입장에서도 매우 부정적인 결과를 초래하는데 기초학문의 경우 이미 대학원생이 거의 존재하지 않거나 학부 때부터 학생들이 선택하지 않는 현상들이 일어난다. 이런 상황이 반복되다보면 결국 대학에는 수천만 원의 등록금을 취업을 통해 만회하려는 학생들만 남게 될 것이다. 대학을 취업양성소로 전락시키고 있는 데에는 매년 과도하게 등록금을 인상해온 대학당국들의 책임이 더 크다고 할 수 있다.

두 번째로는 교육을 통해 사회양극화가 심화된다.

앞에서 살펴보았듯이 연간 1000만 원 정도의 만만치 않은 등록금 액수를 충분히 부담할 수 있는 상위소득 계층의 자녀들은 여유롭게 취업준비와 능력개발 등에서 앞서나갈 수 있다. 그러나 그렇지 못한 서민층 자녀들은 이를 쫓아가기 위해 더 많은 노력과 더 치열한 경쟁을 통과해야 한다.

한국 사회에서의 대학교육은 그동안 계층 간 갈등을 완화하는 역할을 해왔다. 대학을 졸업하고 이를 통해 좋은 직장에 취업하거나 고위공무원 등이 되어 가난한 집을 일으키는 것이 한국 서민층의 전통적인 생존전략이었다. 그러나 이미 모두가 알고 있듯이 초·중·고등학교에서 매달 수백만 원의 사교육비를 들이지 않으면 더 강화된 대학서열화 체제에서 상위권 대학에 진학하지 못하고 그나마 대학에 진학한다 하더라도 다시 수천만 원의 대학등록금 때문에 상위계층과 하위계층의 양극화가 심화되는 결과를 초래한다.[10] 계속해서 폭등하는 대학등록금은 초·중·고등학교 사교육시장에서의 교육 양극화만이 아니라 대학에서의 교육양극화를 심화시킬 것이다.

이는 수많은 사회갈등을 유발할 수밖에 없다. 이미 몇몇 대학에서는 상위소득계층 학생들과 하위소득계층 학생들 간의 위화감이 문제가 되고 있다. 지금은 초·중·고등학교 때 해외에서 체류하다 온 학생들과 아닌 학생들 간의 위화감이 드러나는 정도지만 향후에는 등록금을 부모가 내주는 학생들과 학자금 융자로 본인들이 수천만 원의 빚을 지고 다니는 학생들 간의 위화감이 사회적으로 문제가

---

10   "전문대학생의 60퍼센트 이상이 저소득층이고, 25~26퍼센트는 결손가정 출신"이라며 "우리 사회의 문제로 함께 풀어가야 할 숙제"라고 강조했다. 반면 올해 서울대 신입생의 61.4퍼센트가 소득 상위 20퍼센트에 속하며, 생계지원을 받는 기초생활보호대상자는 단 25명에 그쳤다(국정브리핑, 2007년 6월 29일).

되는 때가 올 것이다.[11]

세 번째로는 청년들의 사회진출이 늦어지는 문제가 있다.

이미 한국 사회는 저출산 고령화 사회로 돌입하고 있다. 그런데 여기서 향후 가장 문제가 되는 것은 생산가능인구가 줄어드는 것이다.[12] 이를 해결하기 위해 정부는 고령층의 노동활동을 장려하는 방법과 청년들의 사회적 진출을 앞당기는 방법을 고민하고 있다. 이를 위해서 군복무 단축 등 다양한 방식들이 논의되고 있는 실정이다.

그러나 높은 대학등록금으로 인해 대부분의 대학생들이 휴학과 복학을 반복하거나 장기간 학교를 휴학하고 취업해서 일을 하다가 다시 학교로 돌아가는 일들이 일어나고 있다. 대학생들의 사회진출 시기는 점점 늦춰지고 있으며 이는 심화된 청년실업 문제로 인해 더

---

11   이미 대학은 양극화되어 있다. 부모의 소득에 따라 명문대와 그렇지 않은 대학으로 진학하게 되는 결과는 한국 사회에서 가장 심각하고 예민한 문제다.

[표 1-7] 대학교 유형별 부모 소득수준 분포   (단위: %)

부모 소득수준	명문대	서울 4년제	지방 4년제	2~3년제
100만 원 이하	1.3	2.2	6.2	14.3
100만 원대	6.1	8.3	20.9	29.2
200만 원대	19.2	25.4	28.4	28.3
300만 원대	21.8	23.0	22.0	14.4
400만 원대	14.4	17.0	8.0	5.6
500만 원대	13.1	10.1	6.1	3.0
600만 원 이상	24.0	14.0	8.3	5.2

• 명문대: 서울대, 연대, 고대, 포항공대, 카이스트, 단과대 중 의대, 치대, 한의대
서울 4년제: 서울소재 명문대를 제외한 4년제 대학
• 류방란·김성식, 〈교육격차: 가정배경과 학교교육의 영향력 분석〉, 2006

12   실제로 통계에 따르면 2009년부터는 25세부터 55세에 해당하는, 기업들이 활용 가능한 생산가능인구가 줄어들게 된다.

욱 심각해지고 있다. 더구나 그나마 대학등록금으로 진 빚을 갚기 위해 '묻지마 취업'을 했던 청년들도 빚을 다 갚기도 전에 더 높은 소득, 또는 안정적인 미래를 찾아 이직과 실직을 반복하는 현상이 일어나고 있다. 청년들의 사회진출을 앞당겨서 고령화 사회를 대비하자는 정부의 정책은 실제 대학등록금의 과도한 인상을 억제하지 않는 한 실질적인 효과를 보기 어려울 것이다.

04 | 대학등록금 1000만 원은 사회 전체의 문제

앞에서 살펴본 바와 같이 이미 20대에게 대학등록금은 생존의 문제이며 평생의 전망을 결정하는 문제가 되어버렸다. 또 노동자, 서민들의 생계문제이기도 하며 사회 전체의 발전을 저해하는 문제이기도 하다.

1997년 IMF 이후 10여 년간 대학등록금이 연간 1000만 원에 달할 때까지 우리 사회는 이 문제에 관심을 기울이지 않았다. 오로지 학생들만이 10여 년 동안 매년 봄마다 외로운 저항을 해왔을 뿐이다. 사회가 어떠한 관심도 해결책도 제시해주지 못하고 오로지 그들 혼자서 해결하려 했던 상황에서 많은 20대들이 패배주의와 냉소주의를 가진 채 대학을 떠나갔다.

때때로 20대의 정치적 냉소와 무관심을 질타하는 점잖은 언론들을 마주한다. 그러나 정작 지난 10여 년간 20대들을 정치적 냉소와 무관심으로 밀어 넣은 것은 누구일까?

20대, 그들은 지난 10여 년 동안 1000만 원에 달하는 대학등록금을 벌기 위해 밤마다 편의점에서, 술집에서 아르바이트를 하고, 학자금 융자로 인해 수천만 원의 빚을 지고, 휴학과 복학을 반복하며, 등록금을 구하지 못해 군대에 가고, 때로는 거리로 나와 등록금 인상이 과도하다고 이 문제를 해결해야 한다고 외치기도 하며 대학총장실을 점거하다가 끌려나오기도 했다. 그동안 20대들의 생존문제였던 대학등록금 문제에 정치권도, 사회의 그 누구도 진심 어린 관심을 기울이지 않았다.

이제 20대들이 정치와 사회 전반에 냉소를 가지게 된 것은 아닌지 돌아볼 때가 되었다. 정작 대학등록금이 20대들만의 문제가 아니라 사회 전체의 문제가 되어버렸기 때문에 우리가 그것에 관심을 기울이게 된 것은 불행 중 다행일지도 모른다.

대담 첫 번째

우리 사회는 20대를 버리려 하는 걸까

> ● **대담 참석자**
>
> 민경우(44살, 전 통일연대 사무처장)
> 조성주(32살, 저자)
> 윤태영(26살, 연세대학교 상경대학 졸업)

조성주(이하 조) 반갑습니다.

민경우(이하 민), **윤태영**(이하 태) 반갑습니다.

조 이 자리는 20대들이 처한 현실과 문제들에 대해서 이야기를 나누어보고자 마련했습니다. 저는 32살로 이제 막 20대를 끝내고 30대에 접어든 세대입니다. 민경우 선배님은 83학번이니까 전형적인 386세대시군요. 윤태영 님은 25살이니까 딱 20대 중반의 경계선에 있는 거구요.

태 20대, 30대, 40대가 다 모였네요. 솔직하게 이야기 나누어봤으면 합니다. 저는 30대, 40대들에게 할 말이 많습니다.

민 제가 지금 20대들의 고민을 따라갈 수 있을지 걱정입니다. 최근 인터넷이나 웹2.0 문화에 익숙해지려고 모든 글에 리플을 다는 습관을 들이고 있습니다.

조 그렇게 해서 웹2.0에 익숙해질지는 잘 모르겠지만 긍정적인 시도
라고 생각합니다. 사실 지금의 10대나 20대가 인터넷을 다루는
수준에는 이제 막 30대가 된 저도 도저히 따라갈 수가 없습니다.

민, 태 웃음

조 제가 32살, 윤태영 학생이 26살, 그리고 민경우 선배님이 44살,
그러니까 20대, 30대, 40대가 한자리에 있습니다. 최근에는 각
세대 간의 갈등을 부각시키는 담론들이 유행인데요. 이 자리는
갈등의 양상을 알아보기보다는 각자가 20대들을 둘러싼 문제를
어떻게 바라보는지 들어봤으면 합니다. 편하게 이야기 나눠보
죠. 먼저 대학교육에 대한 이야기를 좀 나누었으면 합니다. 민경
우 선배님, 선배님이 대학생 때 대학등록금은 얼마였습니까?

민 국립대였으니까, 50만 원 정도였던 것으로 기억합니다.

조, 태 와아!

조 사립대는 등록금이 얼마나 했습니까?

민 60~70만 원 정도였던 것으로 기억합니다.

태 그럼 당시의 과외비는 얼마였나요?

민 30만 원?

조, 태 웃음

조 지금도 과외비는 30만 원에서 40만 원 정도입니다. 등록금은 열
배가 올랐는데 과외비는 그대로네요. 그러나 사실 과외비 이야
기도 결국은 대학서열화에서 상위권 대학들의 이야기겠지요. 지
방 국립대나 사립대 학생들은 대부분 최저임금을 받으며 아르바
이트를 하는 상황입니다. 사실 현재의 대학등록금에 대한 이야

기가 과거의 대학생들과 현재의 대학생들이 처한 상황의 차이를 가장 잘 보여줄 수 있는 것 같습니다. 과거에는 한 학기에 50만 원의 등록금을 내고 대학에 다닐 수 있었고, 그 등록금을 마련할 수 있는 방법도 있었습니다. 그러나 지금의 20대 대학생들에게는 그런 기회나 방법이 현저히 적다고 생각합니다.

태 저 역시 과외를 하고 도서관 아르바이트를 해도 등록금을 마련하기가 쉽지 않아서 학자금 융자를 또 받았습니다. 저만이 아니라 상당수의 학생들이 그렇습니다. 그런데 지방대에 다니는 친구들을 만나 이야기해보면 등록금 마련하기가 정말 너무나 어렵습니다.

민 현재 학자금 융자를 받은 액수가 얼마쯤 됩니까?

태 한 1000만 원쯤 남았습니다. 매달 걸려오는 전화가 이제는 지긋지긋하죠.

조 32살이 된 저도 아직 대학 때 받은 학자금 융자 빚을 매달 갚고 있습니다. 아마 대부분의 학생들이 느끼겠지만 30대 초반까지 몇 천만 원의 빚을 지고 있다는 건 굉장히 큰 부담입니다.

민 현재 학자금 융자를 받는 학생들의 수는 어느 정도나 됩니까? 그리고 그들이 받는 압박은 구체적으로 어떤 것 같습니까?

조 매 학기 한 30만 명 정도가 학자금 융자를 신청하고 있는 것으로 알고 있습니다. 1년에 한 60만 명에서 70만 명을 왔다갔다 하는 정도라고 보면 됩니다. 전체 대학생의 숫자가 300만 명, 휴학생 등을 제외하고 재학생은 약 200만 명이라고 하니까 엄청난 수의 학생들이 학자금 융자를 받고 있다고 보시면 됩니다.

태 집안의 경제적 능력에 따라 차이는 있겠지만 대부분의 학생들에

> **66**386세대가 정작 본인들이
> 곧 마주치게 될 대학등록금 문제에 너무
> 무관심했다는 생각이 듭니다 **99**

게 큰 부담이 되는 것은 확실합니다. 학자금 융자라는 것이 한 학기만 받는 것이 아니라 받게 되는 학생의 경우 적어도 두세 번 이상은 받기 때문에 실제 융자받는 액수는 1000만 원을 아주 쉽게 넘기게 됩니다.

민 사실 연간 등록금 1000만 원은 실감이 잘 가지 않는 액수입니다. 오히려 어떻게 그 정도의 등록금이 가능한지 묻고 싶습니다. 제 아들이 중학생이니까 3~4년 후면 대학에 가야 합니다. 그때 1년에 1000만 원이 훌쩍 넘어갈 대학등록금을 내가 낼 수 있을까 생각하면 굉장히 암담합니다.

조 그 부분에 있어서 굉장히 아쉬운 점이 있습니다. 지금 사회의 중추세력인 386세대가 정작 본인들이 곧 마주치게 될 대학등록금 문제에 너무 무관심했다는 생각이 듭니다. 오히려 386세대가 관심을 가진 건 외고 같은 특목고들이나 수시입학제도, 본고사 등 자녀들의 입시교육 문제 아닙니까?

민 그런 비판에 상당히 공감합니다. 이제 와서야 저도 번뜩 깨닫는 건데 20대가 겪는 대학등록금 문제나 청년실업 문제가 386세대들의 자녀들이 곧 4~5년 내로 겪게 될 문제라는 것을 인식하지 못했다고 생각합니다.

태 여하튼 지금 대학생들에게 가장 심각한 문제 중 하나는 뭐니뭐니 해도 대학등록금이라고 생각합니다. 대학의 분위기마저 완전히 달라졌습니다.

민 이런 상황이 이전과 극적으로 다른 것 같습니다. 당시에는 등록금에 대한 부담이 이 정도까지 크지는 않았습니다. 대학생들에게 큰 압박은 오히려 사회적 분위기, 그러니까 굉장히 억압적인 사회적 분위기였습니다. 그건 모두의 문제였죠. 따라서 그런 억압적 구조에 저항하는 것이 쉽게 용인될 수 있었다고 생각합니다.

조 당시 대학생들의 사회적 지위와 지금 대학생들의 사회적 지위를 비교해보는 것이 필요할 듯합니다.

태 정말로 1980년대의 대학생들이 사회적으로 특권층이었나요?

민 제 생각에 1970년대에 대학을 다녔던 대학생들은 확실히 사회적으로 특권층, 미래의 지도층 등의 지위로 인식되었던 것 같습니다. 그러다가 1980년대 중반 그러니까 1985년쯤 대학자율화 조치가 시행되면서 1970년대만큼 사회적 특권층이라는 대우를 받은 것은 아닌 듯합니다.

조 1980년대 대학생들이 보여준 선진성이라든지, 사회를 이끌어가는 지사와 같은 분위기는 어디서 나온 거라고 보십니까?

민 사상적으로 선진적이었습니다. 사회가 워낙 억압적이었고 그것은 학문영역에서도 마찬가지였습니다. 이른바 386 운동권들이 사회과학 서적 등을 보기 시작하는데 이것을 일어 원전 등으로 봤습니다. 실제 교수들이나 대학원생들은 탄압이나 국가보안법

> **❝** 지금은 서울의 상위권 대학들에서
> 지방에서 올라온 친구들을 찾는 것은
> 정말 어렵습니다 **❞**

이 무서워서 못 봤는데도요. 그러니까 교수도, 대학원생도 보지 못한 외국어 원전들을 읽은 대학생들이 당연히 사상적으로 더 선진적이고 주도권을 쥘 수 있었다고 봅니다. 이런 상황들이 1980년대의 대학생들을 자의적이든, 타의적이든 선진적인 집단으로 인식하게 만든 것 같습니다.

조 저는 대학생의 사회적 지위를 이야기함에 있어서 대학진학률을 이야기 안 할 수 없다고 생각합니다. 지금은 대학진학률이 83퍼센트에 달합니다. 민경우 선배님이 대학생일 때 대학진학률은 30퍼센트 미만이었습니다. 그리고 제가 1990년대 중후반에 대학을 다닐 때 진학률은 50퍼센트 정도였습니다. 마지막으로 윤태영 학생이 대학을 다니는 지금 대학진학률은 83퍼센트입니다. 이 대학진학률의 변화가 대학생의 사회적 지위를 극적으로 변화시킨 주요한 원인이라고 생각합니다.

민 동감합니다. 1980년대 당시에는 도시의 중산층 이상의 집안에서 대학에 가고, 다음으로 지방 저소득층에서 고학을 해서 대학에 가는, 두 부류가 있었다고 봅니다.

조 여하튼 서울대학교라고 하더라도 지방에서 올라온 친구들이 있었다는 것 아닙니까?

태 지금은 서울의 상위권 대학들에서 지방에서 올라온 친구들을 찾는 것은 정말 어렵습니다. 지방에서 올라왔다고 하더라도 대부분이 지방 비평준화 명문고 출신들입니다. 이것은 굉장히 심각한 상황입니다. 서울의 강남, 일산, 분당, 과천 정도 지역의 학생들이 이른바 서울대, 연세대, 고려대의 대부분을 차지하는 것이 지금의 현실입니다. 대학생들 사이에서 양극화가 일어나고 있는 겁니다.

조 그 대학생 사이에서의 양극화를 가속화하는 것이 폭등한 대학등록금입니다. 대학등록금을 집에서 마련할 수 있는 학생과 집에서 마련할 수 없어 아르바이트를 해야 하는 학생이 대학에서 동등하게 공부하고 생활하고 있다고는 상상할 수 없습니다.

어느 대학생과 이야기를 나누어봤는데 학생 몇몇이서 돈을 모아서 경기도에 있는 '영어마을'을 간다고 합니다. 영어 어학연수를 갈 돈은 없는데 영어를 잘해야 하니까 영어마을로 가는 겁니다. 초등학생이 아니라 대학생들이. 그런데 친구들 중 누군가는 1년씩 영어 어학연수를 다녀옵니다. 이런 상황은 이미 대학 내 양극화가 심화되었다는 것을 단적으로 보여준다고 생각합니다. 한마디로 대학교육의 양극화라고 할 수 있습니다. 이 교육 양극화가 지난 20여 년 동안 정말 심해진 겁니다.

아울러 대학진학률도 높아지면서 대학생, 20대를 둘러싼 환경이 완전히 달라졌다고 생각합니다. 따라서 현재의 20대 대학생들을 사회적 특권층으로 보는 것은 무리가 있다고 생각합니다. 똑같이 고통받는 특정 세대로 보는 것이 정확할 듯합니다.

태 사실 가장 고통받는 세대는 20대가 아닐까요? 그런데 아직도 사회에서는 20대 대학생들을 철없는 아이들, 소비에만 집착하는 아이들, 탈정치화된 무뇌아(?) 등으로 보는 경향이 있습니다. 최근 촛불집회 때 10대들은 촛불을 드는데 20대는 도대체 뭘 하고 있느냐와 같은 비판도 그런 인식에서 나오는 것 같습니다.

그런데 저는 이렇게 생각해요. 지금의 20대 중후반, 사실 20대 초반은 문화나 감성이 다른 세대들과 많이 다른 것 같구요, 20대 중후반의 경우 1997년 IMF 당시에 수학여행을 못 갔습니다. 이게 별거 아닌 것 같지만 굉장히 크거든요. 중고등학교 시절에 IMF를 겪고 대학에 왔는데 대학등록금이 1000만 원입니다. 청년실업이 100만 명입니다. 특히 2000년대 이후 이 두 가지 문제가 심각해지면서 완전히 피폐화된 세대가 지금의 20대 중후반이라고 생각합니다.

조 동감합니다. 저는 지금의 20대를 보면 굉장히 불쌍해요. 이른바 88만 원 세대라는 경제적인 문제로 바라보지 않아도, 문화적으로도 자신들의 문화를 가지고 있지 못하고 등록금과 청년실업 문제로 고통받을 때 아무도 돌봐주지 않았거든요. 그렇다고 학생운동이 살아 있어서 그들의 문제를 대변해주거나 해결해주지도 않았습니다. 말 그대로 지난 2000년대 이후 이 사회에서 가장 소외된 집단이 아닌가 합니다.

민 아마도 신자유주의가 한국 사회에서 본격화되고 나서 가장 소외된 집단이 '20대 청년학생'과 '독거노인'들이 아닌가 합니다. 또 하나를 들자면 '영세자영업자'가 있을 수 있습니다. 이들에게 집중된 고통이 사회적으로 비정상적으로 분출된 것이 50대 영세자영업자들의 '바다이야기', 독거노인들의 '자살', 20대 청년학생들의 '탈정치화와 냉소주의'라고 봅니다.

태 '냉소주의'가 지금 20대를 상징하는 하나의 단어일 듯합니다. 물론 지금 20대는 '냉소주의'라는 단어를 쓰지는 않지만……. 오히려 지금 20대들의 언어로 말하면 이렇죠. "제길! 삐뚤어질 테다!"

민, 조 웃음

태 20대들의 정서가 그렇습니다. "삐뚤어질 테다!" 누구도 자신들에게 관심이 없고, 사회도 그렇고 사람들도 그렇고, 등록금과 청년실업 문제는 심각해지는데 이것이 해결될 것 같지는 않고, 그렇다면 취할 수 있는 태도는 '냉소주의'거나 '위악'적인 태도일 겁니다.

민 인상적인 이야기입니다. 따지고 보면 이런 상황임에도 불구하고 2000년대 이후의 학생운동이 '통일문제' 등에 과도하게 집착한 것은 학생운동이 대학생들로부터 외면당하는 결과를 낳은 주요 원인이라고 봅니다.

66 전체 사회운동도 결국 운동의
주요 동력인 젊은 세대들이 겪는 고통에
주목하지 않았다고 생각합니다 **99**

조 저는 '위악적'이라는 말에 굉장히 공감이 갑니다. 실제 20대들을
볼 때면 작은 것에 감동하면서도 한편으로는 냉소와 위악적인
모습을 보일 때도 많습니다. 그리고 '통일문제'에 대한 과도한
집착 또는 20대에 대한 무관심은 사실 전체 사회운동도 마찬가
지 아니었습니까? 학생운동이나 사회운동만이 아니라 정부정책
도 20대나 대학생에게는 관심이 없었던 같습니다. 과거 노무현
정부가 추진한 수많은 사회복지 정책에서 20대나 대학생을 위한
정책을 본 적이 없습니다. 기껏해야 '학자금 융자제도' 정도가
아닌가 합니다. 그것도 연 이자율이 7.3퍼센트에 달하는데 이건
사실 고리대금업이죠.

민 맞습니다. 전체 사회운동도 결국 운동의 주요 동력인 젊은 세대
들이 겪는 고통에 주목하지 않았다고 생각합니다. 결국 이것이
운동의 입장에서도 큰 위기로 다가왔다고 봅니다.

조 20대들이 지나치게 '자유주의'적이다, 그러니까 '방만하다'는 비
판에 대해서는 어떻게 생각하십니까? 저는 이런 이야기들은 고
대(?)로부터 있어왔다고 생각합니다. 농담 같은 이야기지만 고대
그리스 동굴에도 이렇게 적혀 있다고 하지 않습니까? "요즘 젊은

것들은 너무 **빠졌어**!”

민, 태 웃음

조 그러니까 '대학망국론' 같은 것은 1960년대부터 있었던 이야기
아닌가요? 최근 들어서 20대들이 약간 냉소주의를 보인다고 해
서 대학망국론을 다시 펼쳐들며 20대들이 문제다, 한 자녀 가정
에서 너무 오냐오냐 키운 것 아니냐 등과 같이 비판하는 것은 좀
지나치지 않나 하는 생각이 듭니다.

민 사실 1980년대 대학생들이라고 해서 분위기가 크게 달랐다고 생
각하지는 않습니다. 똑같이 젊고 자유분방했습니다. 저는 오히
려 지금의 젊은이들이 보여주는 문화가 더 바람직하다고 생각합
니다. 자유롭고 개성 있고 창조적입니다. 오히려 이런 에너지를
제대로 받아들이지 못하거나 사회적으로 제도화하지 못하는 사
회구조, 기존의 사회운동, 정부 등이 문제입니다.

태 20대들을 지나치게 몰아세우는 것은 문제입니다. 그렇다고 해서
20대들의 미래나 그들의 정치적 행보를 지나치게 낙관적으로 보
는 것도 문제입니다. 지금 20대들이 가지고 있는 사회에 대한 냉
소와 절망은 생각보다 굉장히 깊다고 생각합니다. 생각해보세

요. 어릴 적에 IMF를 겪었다는 것을. 자기 부모의 얼굴이 파랗게 질려서 이 사회에서 밀려난다는 것이 얼마나 끔찍한 건지를 생생하게 경험하고 대학에 들어온 친구들입니다. 그리고 1년에 등록금 1000만 원을 내기 위해 온갖 고생을 해본 친구들입니다. 그런데도 취업이 되지 않을 때, 이들이 얼마나 정치적으로 냉소적이고 위악적으로 되었을까 진지하게 고민해야 합니다.

민 다른 세대와 다른 집단이 지금의 20대를 보듬어 안고 가야 한다고 생각합니다. 그런 면에서 사회운동이나 정치권이 대학등록금 문제나 청년실업 문제를 가장 중요한 이슈로 삼을 필요가 있습니다. 이 문제들을 구조적으로 해결하기 위해 노력해야 합니다.

조 그렇지 않을 경우 지금의 20대가 병리적 현상을 보이지 않을까요?

민 일본에서 가끔 일어나는 젊은이들의 이상행동이나 살인사건, 자살, 히키코모리 같은 것들이 한국의 20대들에게서도 나타날 가능성이 농후하다고 생각합니다.

조 무서운 이야기네요. 오히려 아직 그렇게 되지 않았다는 것에서 한국의 20대가 그나마 건전하다고 봐야 하는 것 아닐까요.

태 최근에 촛불집회를 보면서 저는 그런 생각을 했습니다. 지금 촛불집회에 나오는 10대들은 저희랑 다르거든요. 그들이 들고 나오는 구호나 그들의 발랄함을 보세요. 정말 훌륭합니다. 그들이 집단적으로 그런 경험을 했다는 것은 그들이 향후에 대학에 들어왔을 때 정말 한국 사회의 주력이 되도록 해줄 겁니다. 모두들 지금 10대들의 정치적 진출에 대해서 찬양하잖아요.

그런데 그럼 우리들은 뭐냐는 거죠. 우리 20대들은 지금까지 누

> **66** 대학등록금 문제나 청년실업 문제가
> 해결되지 않으면 지금 20대 후반의 세대들은
> 계속 삐뚤어져갈 겁니다 **99**

구도 관심을 기울여주지 않았는데, 지금 10대와 20대 초반들이 새로운 세대로 등장했습니다. 혹시 앞으로 이 사회가 우리 20대는 버리고 지금 새로운 에너지를 분출하는 10대들만 데리고 가는 건 아닌지 두려운 생각이 듭니다.

민 아마도 그럴 거 같은데요?

조, 태 웃음

조 너무 냉소적이신데요? 아니 객관적이신 겁니까? 저도 가끔은 비슷한 고민을 합니다. 지금의 20대는 버려진 세대, 사라진 세대로 남게 되는 것 아닌가 해서요. 최근에 경제위기로 인해 대학등록금은 동결조치를 취하지만 대졸초임은 가장 먼저 삭감하지 않습니까? 여하튼 가장 만만한 집단으로 보는 것 아닌가 하는 생각이 들기도 합니다. 하지만 이제 막 20대가 된 20대 전반의 세대들은 아직 버려진 세대라고 생각하지 않습니다. 그들에게서 일말의 가능성을 찾고 있는 중입니다. 그러나 적어도 이러한 사회구조가 계속된다면 20대 후반의 세대들은 버려진 세대가 될 가능성이 크기 때문에 이렇게 되지 않도록 하는 것이 중요할 거라고 생각합니다.

태 대학등록금 문제나 청년실업 문제가 해결되지 않으면 지금 20대 후반의 세대들은 계속 삐뚤어져갈 겁니다. 아마도.

조 지금의 20대를 다른 세대와 집단이 잘 보듬어서 함께 갈 수 있도록 관심과 노력을 기울여야 한다는 것으로 결론을 지어야 할 것 같습니다.

못 다한 이야기

〈신세기 에반게리온〉에서 〈조제, 호랑이 그리고 물고기들〉 그리고 〈원스〉까지

1995년 10월, 일본에서 〈신세기 에반게리온〉[13]이라는 애니메이션이 방영되기 시작했다. 그리고 이 애니메이션은 한국에 수입되었고 당시 한국의 10대, 20대에게 큰 반향을 일으켰다. 한 영화평론가의 호들갑(?)을 인용하면 1995년 이후 한국의 20대들은 모두 '에반게리온의 아이들'이다.

분명 이 애니메이션은 기존의 애니메이션들과 비교해 차별성이 있었고 극 자체의 재미와 더불어 청소년용이라고는 믿기지 않을 정도로 어두운 세계관과 어두운 인물들, 그리고 그보다 더 어두운 인

---

13 〈신세기 에반게리온〉은 일본의 애니메이션 감독 안노 히데아키가 만든 1995년 작품이며 각 30분 분량으로 총 26화로 되어 있다. 1995년 10월 4일 일본의 '도쿄TV'를 통해 방영되어 큰 인기를 얻었다. 기존의 거대 로봇 애니메이션들이 가지고 있던 특징들을 완전히 무시하는 듯하면서도, 결정적인 부분은 기존의 틀을 유지하는 식으로 시청자들의 시선을 모으기 시작한 이 만화는 회를 거듭하면서 점점 더 많은 인기를 얻어 이후 극장판으로 만들어지기도 하였다(네이버 백과사전).

물들 간의 관계를 다루고 있었다.[14] 그런데 이렇게 어두운 애니메이션이 어떻게 일본과 한국의 10대, 20대들에게 큰 인기를 얻을 수 있었던 것일까?

유명한 작품이니만큼 수많은 평론과 분석 등이 존재한다. 감히 어느 분석과 평론이 맞다고 이야기할 수는 없지만 분명한 것은 〈신세기 에반게리온〉이라는 작품은 확실히 1990년대 이른바 '버블붕괴' 이후의 일본 사회와 그 사회 안에서의 10대, 20대들의 모습을 그리고 있다는 것이다.

1980년대 후반까지 전 세계를 집어삼킬 정도로 호황을 구가했던 일본의 경제가 1990년대 초반 순식간에 무너졌다. 이후 일본은 약 10여 년의 장기 경제침체를 겪게 되는데 이 사이 일본 사회에는 수많은 문제들이 발생했다. 처음으로 종신직장이라는 개념이 없어지기 시작했고 비인간적인 범죄 등이 속출했다. 그리고 '왕따'라는 사회적 문제가 등장한 것도 모두 이 '버블붕괴'라는 1990년대 초반의 경제위기 이후다. 당연하게도 이 안에서 일본의 젊은이들이 느꼈을 혼란과 고통은 상상을 초월할 것이다.

---

14   이 애니메이션의 등장인물들은 가히 정신병자라고 이야기해도 손색이 없을 정도의 인물들이다. 대부분이 '세컨드 임팩트'라는 인류 종말 직전까지 갔던 위기상황에서 살아남은 이들 또는 그 이후에 태어난 이들로 편집증, 자폐증 등의 증세를 보인다. 이 애니메이션의 10대 주인공들은 기성세대의 일방적인 요구로 인해 누구와 왜 싸우는지도 모른 채 로봇을 타고 극한의 전투를 벌인다. 주인공들은 끊임없이 전투에서 도망치려 하고 현실을 회피하거나 비정상적인 방법으로 자신들의 어두운 면을 숨기며 살아간다.

한 사회의 극적인 변화는 그 사회에서 가장 민감한 세대인 젊은 이들에게 가장 큰 영향을 미친다. 그 안에서 벌어지는 수많은 인간 관계의 파괴와 무한경쟁으로 내몰리면서도 기성세대와 같은 보호를 받지 못하는 일본의 수많은 젊은이들의 모습은 〈신세기 에반게리온〉에서 정체도 알 수 없고, 싸워야 할 이유도 알지 못한 채 괴생물체들과의 극한의 싸움으로 내몰리는 10대 주인공들과 닮아 있다. 일본의 수많은 젊은이들이 이 어두운 애니메이션에 열광한 이유가 여기에 있지 않을까?

그렇다면 다시 한국으로 돌아와서 1990년대 후반, 그리고 2000년대를 넘어가던 그 시절, 한국의 젊은이들이 이 애니메이션에 폭발적으로 호응했던 이유가 설명된다. 일본의 1990년대 초반에 '버블붕괴'가 있었다면, 한국의 1990년대 후반에는 '1997년 IMF 경제위기'가 있었던 것이다. 당시 수백만 명의 사람들이 거리로 내몰렸다. 1997년 11월, 선진국의 문턱에서 '마이카' 시대가 열리고 '컴퓨터'가 가가호호 설치되며 해외여행이 필수코스가 되어가는 시점에 터진 'IMF 경제위기'는 한국 사회를 완전히 뒤흔들어 놓았다.

IMF 이후 생겨난 한국 사회에서의 다양한 사회현상들은 일본의 '버블붕괴' 이후의 모습들과 지나치게 닮아 있다. 사회양극화의 심화, 비정규직의 증가, 자살, 도박중독, 반사회적 범죄의 증가, 왕따, 교실 붕괴 등. 그리고 그 혼란의 한가운데를 지금의 20대가, 당시 누구도 돌봐주지 않던 '청소년'이라는 정체성을 가지고 통과했다. 그리고 그 참혹했던 시절과 그 이후의 변화를 통과한 그들은 지금 어떻게 되었을까?

아마도 그 청소년들은 20대가 되어서 1990년대 이후 일본의 젊은 이들과 비슷한 모습이 되지는 않았을까? 바로 이것이 어느 시점부터 한국의 젊은이들이 일본 문화에 깊이 공감하고 익숙해지는 이유 중 하나였을 것이다. 2000년대 이후 일본 젊은이들의 생활과 고민을 담은 일본의 만화, 애니메이션, 드라마 등이 한국의 젊은이들에게 큰 공감을 얻어갔다.

이른바 '미드(미국 드라마)'가 20대, 30대, 그리고 40대 초반까지 모두 포괄하는 반향을 일으키고 영향을 주고 있다면 분명히 '일드(일본 드라마)'는 현재 한국의 20대에게서 특정한 지지를 얻고 반향을 일으키고 있는 것으로 보인다. 미국 젊은이들의 고민과 문화를 다룬 작품보다 일본 젊은이들의 고민과 삶을 다룬 작품이 한국의 젊은이들에게 구체적인 자신의 이야기로 다가오는 것이다.

이러한 현상은 2004년 한국에서 개봉한 이누도 잇신 감독의 일본 영화 〈조제, 호랑이 그리고 물고기들〉이라는 영화에 보낸 한국 20대들의 열광적인 지지와도 연결된다. 〈조제, 호랑이 그리고 물고기들〉이라는 영화는, 역시 아직 직장을 구하지 못한 한 20대 남성과 장애인이면서 할머니와 둘이서 삶을 꾸려가는 한 20대 여성의 사랑과 이별을 다룬 영화다. 작은 소품 같은 영화로 대단한 홍보도 없었고 상영하는 극장도 거의 없었음에도 불구하고 이 영화에 약 6만 명의 관객이 찾아들어 작은 영화의 흥행신화를 만들어냈다. 그리고 이 영화에 유난히 열광했던 상당수가 20대, 30대 초반이었음은 매우 주목할 만한 지점이다.

이 영화의 주인공들은 다른 청춘영화의 주인공들과는 확연히 다르다. 남자 주인공은 대학을 졸업할 때가 되었지만 아직 안정된 직장이 없고 이제 막 사회에 첫발을 내딛는 상황이다. 그리고 여자 주인공은 1990년대 버블붕괴 이후 약해진 일본의 사회보장제도에서 소외되어 있던 장애인이다. 1990년대 이후 일본 사회에서 외면당하고 소외되었던 두 청년의 사랑이 성공할 수 있을까? 결말은 당연히도 헤어져서 각자의 삶을 살아가는 것으로 맺어진다. 한국의 젊은이들은 이 영화에서 1997년 IMF 이후 바로 자신들의 삶과 모습을 보았던 것은 아닐까.

분명히 1990년대 이후 불어 닥친 신자유주의 또는 세계화는 한국만의 상황은 아니었다. 일본은 몇 년 일찍 큰 홍역을 겪었고 유럽도 마찬가지로 1990년대에 신자유주의의 물결 속에서 수많은 혼란을 겪었다.

그렇다면 유럽의 젊은이들은 그 혼란의 와중에서 어떻게 되었을까? 그들의 삶과 애환을 잘 보여준 영화가 바로 2006년에 만들어지고 2007년에 한국에 개봉한 존 카니 감독의 〈원스Once〉다. 이 영화 역시 아주 작은 영화로 특별한 홍보 없이 20대, 30대 초반들의 열광적인 지지로 무려 20만 명의 관객을 동원하는 빅히트(?)를 쳤다.[15]

이 영화는 아일랜드의 더블린이라는 도시를 배경으로 유럽의 별볼일 없는(?) 두 청춘남녀의 사랑과 우정을 다룬 음악영화다. 남자는 거리에서 기타를 메고 자신이 만든 음악을 연주하지만 아버지의

---

15   이 정도 규모의 영화가 이 정도의 관객을 동원한 것을 산술적으로 비교하면 거의 1200만 명의 관객을 동원한 것과 같다고 한다.

작고 허름한 진공청소기 수리가게에서 아르바이트를 하는 불안한 미래의 청년실업자(?)다.[16] 여자는 동유럽에서 일자리를 찾아 건너와 거리에서 꽃을 파는 영세자영업자(?) 싱글맘이다. 유럽 대부분의 젊은이들의 처지만큼이나 유난히 불안한 삶과 미래를 가지고 있는 이들 사이의 열정적이지는 않지만 조용한 우정과 연대는 격정적인 연애보다 더 감동적이고 가슴 따뜻하다.

역시나 한국의 20대는 이 영화에 열광적인 지지를 보냈다. 왜일까? 바로 거기서 자신들의 모습을 보았기 때문이다. 지금 한국의 20대는 이 영화에서 청년실업 100만 시대를 살아가는 자신들의 모습을 보았고 그들 사이의 연대와 우정에 감동을 받았다.

한국의 20대는 386세대들의 과거 대학생 때의 모습에서 자신들의 모습을 보지 않는다. 그렇다고 이른바 시트콤이나 트렌디 드라마에 등장하는 대학생의 모습에서 자신들의 모습을 찾지도 않는다. 이들은 신자유주의 세계화 시대를 함께 살아가며 고통받고 있는 전 세계의 같은 세대 청년들에게서 자신들의 모습을 보고 공감하며 그들과 대화하고자 한다. 지금의 기성세대나 주류 언론, 사회가 한국의 20대에게 1980년대에 사회민주화에 앞장섰던 어느 20대 대학생들의 모습을 보고자 한다면 앞으로 그리고 영원히 그들과 대화하기란 불가능할 것이다.

16 　전문적인 용어로 무급가족종사자라고도 한다. 아직 한국에서는 청년실업 통계에 포함되지 않는 계층이다.

대한민국 20대,
절망의 트라이앵글을 넘어

CHAPTER 02

절망의 트라이앵글 두 번째

청년실업
100만 명 시대

2007년에 있었던 이랜드, 홈에버 비정규직 여성노동자들의 싸움이 자녀의 사교육비와 대학등록금을 벌기 위해 비정규직으로 일하는 40~50대 여성노동자들에게 자본과 국가가 얼마나 잔인할 수 있는가를 보여준 사례라면 2006년에 있었던 KTX 비정규직 여성노동자들의 싸움은 청년실업 100만 시대, 비정규직 900만 시대에 이 사회가 20대 청년들에게 얼마나 잔인한가를 보여준 사례라고 할 수 있다.

KTX 비정규직 여성노동자들은 대부분이 20대 청년들이다. 청년실업 100만 시대에 그래도 중소기업에는 일자리가 부족하다고 이야기하며 청년들에게 눈높이를 낮추라고 권유하는 현실이 실제로는 얼마나 기만적인지 KTX 비정규직 여성노동자들의 싸움을 보면 알 수 있다.

청년실업 100만 시대에 그나마 사회적으로 있어 보이는(?) 일자리에 취직해봐도 결국 비정규직이며 이마저도 제대로 대접받지 못하는 노동이다. 따라서 왜 20대 청년들이 중소기업에 가지 않고 비정규직으로 취업하느니 몇 년의 시간과 취업 사교육비를 더 투자해서 7급이나 9급 공무원이 되는 것이 더 낫다고 생각하는지를 이해할 수 있게 된다.

청년실업 100만 시대라는 것은 말 그대로 일할 수 있는 일자리가 없다는 것이 아니다. 차별받지 않고 사람답게 살 수 있을 만한 일자리가 없다는 것이다. 이것을 조금 멋을 부려 '괜찮은 일자리'라고 부르기도 한다. 아

마도 연봉 5000만 원 이상의 소수 대기업이나 공기업, 외국계 기업의 몇 몇 일자리를 제외하고는 '그나마' 괜찮은 일자리라고 부르는 것이 더 정확할 것이다. 이 '그나마' 괜찮은 일자리가 1997년 IMF 이후에 현저히 줄어들었다. 그리고 그 빈자리는 다시 비정규직 일자리가 채우게 되었고 지금 20대 청년들을 기다리고 있는 대부분의 일자리는 바로 그 비정규직 일자리다.

한 번 비정규직이 되면 평생 비정규직으로 살아야 하는 것이 지금 한국 사회의 현실이다. 그리고 그 비정규직이 바로 900만 명에 이르고 있는 것도 지금의 현실이다. 현재 한국 사회에서 벌어지고 있는 청년실업의 문제는 수천만 원의 등록금을 내고 대학을 졸업한 고학력 20대 청년들에게 '청년실업자'가 될 것인지 '비정규직'이 될 것인지 양자택일을 강요하는 문제다.

이 안에서 20대 청년들은 서로 가혹하게 경쟁해야 하고 그 중 아주 소수만이 승자의 자리를 차지하고 나머지 대다수는 패자로서 비정규직이냐 실업이냐를 선택해야 하는 상황에 놓여 있다. 이 청년실업 문제는 한국 사회의 미래를 아주 어둡게 만들고 있다.

01 | 청년실업자가 100만 명!

🐚 청년실업률 통계의 거짓말

　한국의 청년실업률은 공식적으로 7퍼센트 수준이다. 통계대로라면 약 35만 명 정도가 청년실업자다. 이 정도의 청년실업률은 사실 그렇게 높은 수치라고 볼 수 없다. 보통 청년층의 실업률은 일반적인 실업률의 두 배가 넘기 때문이다. 그리고 절대적인 수치로 보았을 때도 이 정도의 청년실업률은 청년실업 문제가 심각하다는 유럽의 20퍼센트에 달하는 청년실업률의 절반에도 미치지 못하므로 한국의 청년실업 문제는 그다지 심각한 문제로 보이지는 않는다.

　그러나 통계상이다! 이 통계수치에는 허점이 있다. 경제활동인구만을 대상으로 낸 통계이기 때문이다. 실제 실업률에 포함되지 않는, 청년층의 비경제활동인구를 포함시키고 있지 않다는 이야기다.

　청년층의 비경제활동인구 중에서 주목해야 하는 것은 취업준비자와 구직단념자의 수치다. 실제 40만 명이 넘는 청년층 취업준비자들은 청년실업 상태에 놓여 있다고 봐야 한다. 또 취업을 포기하고 구직활동을 단념한 청년층 인구가 26만 명에 이른다. 이들까지 청년실업자로 포함했을 경우 청년실업률은 19.5퍼센트에 달한다. 실제 20대 청년들이 느끼는 실질 청년실업률은 20퍼센트에 육박한다고 보는 것이 타당할 것이다.

[표 2-1] 청년고용 동향 (단위: 1000명, %)

구 분	2000	2001	2002	2003	2004	2005	2006	2007	2008
생산가능인구	11,243	10,953	10,651	10,368	10,141	9,920	9,843	9,855	9,827
취업자	4,879	4,815	4,799	4,606	4,578	4,450	4,270	4,202	4,129
경제활동인구	5,308	5,227	5,161	5,007	4,990	4,836	4,634	4,530	4,456
통계상 실업자	430	413	362	401	412	387	364	328	326
실업률(%)	8.1	7.9	7.0	8.0	8.3	8.0	7.9	7.2	7.3
구직단념자	41	30	17	31	30	32	33	30	33
취업준비자				268	297	351	413	417	475
쉬었음				225	258	278	258	245	245
실질 청년실업자				905	978	1,025	1,043	996	1,051

※ 자료: 통계청, 〈경제활동인구조사〉

※ 실질 청년실업자 = 실업자 + 구직단념자 + 취업준비자 + 쉬었음

이 정도의 청년실업률이라면 유럽처럼 도시 외곽에서 청년실업자들의 폭동이 일어나도 이상하지 않다. 축구 열기가 높은 유럽에서 사회적 문제가 되곤 하는 훌리건들의 상당수가 청년실업자들이다. 그러나 한국의 스포츠 리그에서 청년실업자들로 구성된 훌리건들의 난동으로 경기가 엉망이 되거나 사람이 죽거나 다치는 사태가 생기지는 않는다. 또 청년실업률이 높은 유럽에서는 청년층에서 외국인 노동자에 대한 적대감이 나타나는 경우가 많은데 한국의 청년층에서 외국인 노동자에 대한 적대감이 유난히 나타나는 경우도 찾아볼 수 없다.

이는 오래 전부터 청년실업 문제를 겪어왔던 유럽과는 다르게 한국

에서는 1997년 IMF 외환위기 이후 잠시 심각해졌다가 다시 2003년부터 한국의 내수경제가 부진해지면서 최근에 와서야 청년실업 문제가 사회문제로 등장하기 시작했기 때문이다. 또 한국의 경우 높은 대학진학률로 인해 청년실업자의 상당수가 고학력이기 때문이기도 하다.

여기서 청년실업 문제를 바라보는 관점에서 중요한 차이가 발생한다. '청년실업'이라는 문제를 실제 경제활동인구 중에서 실직을 경험한 35만 명만의 문제로 바라볼 것인가, 아니면 가뜩이나 사회복지가 안 되어 있는 이 사회에서 청년실업자가 될지도 모른다는 불안한 미래에 자신의 삶을 자의 반 타의 반으로 위협 받고 있는 이 땅 청년들 전체의 문제로 바라볼 것인가다.

전자의 관점으로 바라본다면 청년실업 문제를 해결하기 위해 단순히 일자리를 늘리면 될 것이다. 그러나 후자의 관점으로 바라본다면 청년실업으로 고통받는 청년은 100만 명에 달하는 이른바 백수(?)만이 아니라 현재 대학을 다니고 있는 300만 명의 학생들, 비정규직으로 취업한 수백만 명의 청년들까지 포함된다. 그리고 해결방안은 단순히 일자리를 늘리는 것이 아니라 그들이 미래에 대해 희망을 가질 수 있도록 사회구조를 바꾸는 것까지 포함되어야 할 것이다.

◑ 무엇이 이들의 일자리를 없애버렸나

한국 사회에서 청년실업 문제가 크게 불거진 것은 1997년 IMF 직후였다. IMF 당시에는 청년층만이 아니라 사회 전체가 실업난으로 고통받았기 때문에 청년층의 문제만 심각한 것은 아니었다. 하지만 한국 사회가 처음 겪어보는 청년실업이라는 문제는 그간 안락한(?) 중산층의 자녀들로 구성된 특권층 또는 소비문화의 선두주자라고 여겨졌던 20대들이 고통받을 수 있다는 사실을 사회적으로 인정하도록 했다.

그러나 2003년까지 표면적으로는 청년실업 문제가 심각한 사회문제로 인식되지 않았다. 이유는 1999년 정도를 기점으로 IT업계를 선두로 한 벤처기업 열풍과 수출호황 속에서 청년실업자의 수가 많지 않기 때문이다. 그리고 주변의 청년들은 어쨌든 취업을 하고 있는 것으로 보였다. 하지만 실상은 이 시기에 수많은 청년들이 인턴사원, 계약직 등의 이름 아래 비정규직 노동자로 취업하면서 청년실업자의 수가 증가하지 않은 것처럼 보였을 뿐이다. 실제로 청년층 고용의 질은 계속해서 하락하고 있었으며 이미 이 시기쯤부터 대부분의 청년층은 공기업 또는 공무원 시험준비로 몰리고 있었다.

사회적으로 청년실업 문제의 심각성이 다시 드러난 것은 2003년에 한국의 내수경제가 붕괴되면서부터다. 비정규직 등으로 취업해 있던 청년층들이 해고당하기 시작했고 그나마 비정규직으로라도 취업하기가 힘들어지면서 청년들의 취업문제가 심각한 사회문제로 등장하게 된다. 그리고 이때 와서야 7퍼센트 청년실업률이라는 그리 높지 않은 수치가 거짓말임이 드러났다. 문제는 괜찮은 일자리, 즉 고용의 질이었던 것이다.

그렇다면 한국 사회에서 고용의 질 하락은 청년층만 경험했던 것일까? 물론 그렇지 않다. 고용의 질 하락은 전 계층이 함께 경험했다. 그러나 여기에는 시간차가 있었다.

처음에는 정규직 노동자들이 대거 구조조정당하고 다시 비정규직 노동자로 전환되면서 고용의 질이 하락했다. 그리고 그 다음에는 정년퇴직을 앞둔, 또는 막 정년퇴직을 한 고령층이 고용의 질 하락을 경험했다. 세 번째는 청년층이었다. 그리고 그들이 일자리를 찾을 때쯤에는 이미 모든 곳에서 일자리를 둘러싸고 기성세대가 생존의 싸움을 벌이고 있었다. 그들이 그 치열한 생존경쟁에 끼어들기에는 경험도, 실력도 너무나 부족했다.

이 생존의 싸움에서 밀려난 20대들이 선택할 수 있는 것은 임용고시 아니면 공무원시험이었을 것이다. 그리고 이곳마저도 다른 일자리의 질이 9급 공무원보다 낮아지기 시작하면서 무한경쟁의 장으로 변해버리고 말았다. 더 이상 도망칠 데가 없는 20대 청년들이 선택한 것은 안타깝게도 인터넷 게임중독과 다단계, 도박, 자살 등이었다.

무엇이 청년들이 갈 수 있었던 일자리를 없애버렸을까?

먼저 1997년 IMF 사태를 이야기하지 않을 수 없다. 당시 고학력 청년들이 선호하던 대기업 일자리가 엄청난 숫자로 사라져버린다. 주요 대기업들이 망해버렸기 때문이다. 1997년 IMF 사태를 전후로 하여 한보철강, 삼미, 진로, 대농, 기아, 해태, 뉴코아, 쌍용, 한보, 동아, 고합, 우성, 벽산, 아남, 나산 등의 주요 대기업이 무너졌다. 30대 대기업 중 17개가 무너졌다.

두 번째로 한국의 대학생들이 선호하던 중간 규모의 일자리인 은행권 일자리들이 사라져버렸다. 지방대나 대학서열화 체제에서 중위권 대학들을 졸업해도 어렵지 않게 갈 수 있고 연봉과 근무환경도 괜찮은 편에 들었던 은행권 일자리들 역시 1997년을 기점으로 대규모로 구조조정된다. 은행권에서만 무려 15만 개의 일자리가 줄어들었다. 그나마 없어지지 않은 나머지 일자리의 절반 정도는 비정규직으로 다시 채워졌다.

이른바 대졸자들이 선호하던 중간급 이상의 양질의 일자리가 사라졌는데 그 자리를 어디서 메울 수 있었을까?

1999년 IT업계를 중심으로 한 벤처 열풍은 이러한 상황을 잠시 무마시켜주었지만 2001년 벤처 열풍이 사라지고 나자 이마저도 수월치 않게 되었다. 그리고 2003년 '내수경제 붕괴'가 오면서 그나마 고졸 청년층의 고용을 담보해주던 서비스업과 자영업마저 무너진다.[1] 이제는 대졸자와 고졸자를 가리지 않고 취업을 위해 똑같은 곳에서 똑같이 경쟁해야 하는 지독한 무한경쟁의 상황이 온 것이다.

학력을 불문하고 모든 영역에서 청년층이 취업할 수 있는 일자리가 사라졌다. 그나마 최후의 보루는 7급, 9급 등으로 이야기되는 공무원 일자리였다. 그러나 안타깝게도 이마저도 오래 남아 있을 것 같지는 않다. 이명박 정부가 들어서면서 대규모의 공공기관 구조조정이 청년들을 기다리고 있기 때문이다.

[표 2-2] 주요 기업들의 채용추이 (단위: 1000명, %)

비 고	1996	1997	1998	1999	2000	2001	2002	2003	2004
전체근로자 수(A)	1,542	1,581	1,469	1,338	1,320	1,264	1,246	1,272	1,310
청년근로자 수(B)	638	643	562	467	445	399	372	369	406
비중(B/A)	41.4	40.6	38.2	34.9	33.7	31.6	29.9	29.0	31.0
신규채용자 수(C)	181	166	146	231	257	156	157	147	72
청년 신규 채용자 수(D)	141	125	93	157	183	107	106	105	49
비중(D/C)	77.9	75.5	63.6	67.9	71.0	81.0	79.5	70.7	79.0
경력자 채용비중	39.6	43.1	61.9	75.9	77.0	81.0	79.5	70.7	79.0

※ 자료: 고용보험전산망
※ 주요기업은 30대 대기업 집단, 공기업, 금융업에 속한 기업

---

1   음식업소의 60퍼센트가 2년 안에 폐업하고 있으며 10년 이상 살아남은 음식점은 100곳 중 7곳에 불과하다(국세통계연보, 2005).

02 | 참을 수 없는
청년실업자의 고통

　앞에서 살펴본 바와 같이 실제 100만 명에 달하는 청년실업 문제
는 이 땅의 20대들에게, 대학생들에게 어떤 영향을 미치고 있을까?

　다시 말하지만 청년실업 문제란 지금 당장 취업하지 못하는 청년
구직자들만의 문제가 아니라 미래에 청년실업자가 될지도 모른다는
심각한 불안감을 안고 연간 1000만 원에 달하는 대학등록금을 내면
서 대학에서 치열하게 학점경쟁을 하고 있는 300만 대학생들의 문제
이기도 하다.

　청년실업이 심각해질수록 매우 다양한 문제들이 발생한다. 그 문
제들은 심리적인 부분에서 경제생활까지 광범위하게 영향을 미친
다. 그들이 겪는 불안과 고통을 하나씩 따라가보자.

　앞에서 살펴본 바와 같이 연간 1000만 원에 달하는 살인적인 대
학등록금 때문에 빚을 내든지 아르바이트를 하든지 해서 졸업을 하
게 된 청년들은 당장 실업상태에 놓인다. 현재 15세에서 29세 사이
의 청년들이 대학을 졸업하거나 중퇴한 후 첫 직장에 취업하기까지

는 평균 12개월이 걸린다.[2] 즉 대학 졸업 직후 평균적으로 12개월 동안 실직상태에 놓인다는 것이다. 여기서 여타의 다른 선진국의 청년들과 다르게 한국의 20대만이 겪는 특이한 문제가 발생한다. 바로 대학등록금 문제와 청년실업 문제가 연결되어 한국의 20대에게 고통을 가중시키는 일이 벌어진다.

앞에서 살펴본 바와 같이 수천만 원에 달하는 대학등록금은 이미 서민가정에서 저축이나 아르바이트로 해결할 만한 수준이 아니다. 따라서 학자금 융자를 통해 빚을 지는 대학생이 급격히 늘고 있다. 현재 매 학기 약 30만 명에 육박할 정도로 많은 대학생들이 학자금 융자 빚을 지고 있다. 매 학기 30만 명이라면 4년 후에 이들이 지고 있을 빚이 어느 수준인지 대충 짐작할 수 있다.

그런데 이들이 대학을 졸업한 직후 평균적으로 12개월의 실직상태에 놓여 있다면, 이들은 수천만 원에 달하는 학자금 융자로 인한 빚을 고스란히 떠안은 채로 청년실업자가 된다. 이렇게 되었을 때 나타나는 한국만의 특이한 청년실업 문제가 바로 '묻지마 취업'이다.

묻지마 취업

'묻지마 취업'이란 한국의 청년실업 문제가 가지고 있는 특징이다. 전 세계에서 가장 높은 대학진학률(약 83퍼센트)을 보이는 한국에

---

2   지난해 15~29세 청년층이 졸업·중퇴 후 취업할 때까지 걸린 시간은 평균 12개월로 나타났다. 1년 전보다 2개월 늘었다. 졸업 후 1년 내 취업한 경우는 74.2퍼센트로 1년 사이 2.7퍼센트 포인트 줄었다. 대학 신규졸업자 100명 중 취업자는 67.1명으로 1년 사이 2.1명 증가했다(《서울신문》 2007년 5월 3일자).

서, 대학등록금이 전 세계에서 세 번째로 비싼 수준에서, 고스란히 개인들이 등록금을 책임져야 하는 상황에서 청년실업 문제는 전혀 다른 양상으로 나타나는데 대표적인 것이 바로 묻지마 취업이다.

수천만 원의 등록금으로 빚을 진 상태에서 대학을 막 졸업한 청년들은 자신의 적성이나 미래에 대한 계획 등을 고려하여 취업하기보다는 일단 졸업하자마자 바로 취업해야 한다는 압박에 시달린다. 설사 등록금으로 인한 빚을 지지 않았다고 하더라도 대학등록금으로 쏟아 부은 액수가 너무 크기 때문에 빨리 이 액수를 만회해야 한다는 압박감을 느낀다. 묻지마 취업이란 달리 말하면 월 88만 원을 받는 20대 비정규직이 되더라도 일단은 취업을 선택한다는 의미다.

사실 실질적인 청년실업률이 20퍼센트에 육박하는 심각한 상황을 감안한다고 하더라도 이러한 묻지마 취업은 오히려 청년실업 문제를 더 심각하게 만든다고 할 수 있다. 왜냐하면 묻지마 취업으로 인해 기업들은 20대를 위한 일자리의 대부분을 '비정규직'으로 제공(?)하는 것에 전혀 어려움을 느끼지 않기 때문이다. 비정규직이라 하더라도 취업을 희망하는 청년들이 수백만 명에 달하기 때문이다.

20대가 이렇게 묻지마 취업을 선택할수록 기업들은 대부분의 일자리를 비정규직으로 제공할 것이며 결국 사회 전체적으로 정규직과 비정규직의 양극화를 더 심화시키는 결과를 만들어낼 것이다. 최근에는 일부 기업들에서 20대 첫 취업자들에게 비정규직 일자리를 제공하면서 오히려 정규직보다 더 많은 임금을 주는 경우도 있다. 이것 역시 아주 황당한 일인데 기업의 입장에서는 월 10여만 원 정도의 임금을 더 주더라도 비정규직을 쓰는 것이 향후에 더 이익이라고 판단하기 때문이다.[3]

그러나 이러한 묻지마 취업은 장기적으로 볼 때 기업의 입장에서도, 사회적으로도 큰 손해를 가져올 것이다. 이렇게 자신의 적성이나 전망과 관계없이 오직 대학등록금으로 진 빚을 갚거나 대학생활 동안 쏟아 부은 돈을 만회하기 위해 묻지마 취업을 선택한 20대 청년들이 그 직장에 오래 다닐 리가 없기 때문이다. 이들 중 대부분은 그 직장에 1년 정도 다니다가 그만두고 '공무원시험' 등을 준비한다.[4] 일단은 묻지마 취업을 선택했지만 곧 비정규직으로는 자신의 미래를 준비할 수 없다는 것을 깨닫기 때문이다.

바로 이것이 20대 청년들이 겪고 있는 현재의 청년실업 문제를 제대로 이해하지 못하고 있는 언론이나 일부 정치권에서 '젊은이들이 조급하다'거나 '눈높이가 너무 높다'고 함부로 이야기하는 것들의 진실이다. 애초에 그들을 묻지마 취업으로 내몬 것은 바로 비정상적인 대학등록금과 이를 고스란히 학생들의 부담으로 전가하고 있는 한국 사회다.

생계형 아르바이트

'묻지마 취업'과 함께 한국에서 청년실업 문제를 심화시키는 또

---

3   일부 기업들에서 20대에게 비정규직 일자리를 제공하면서 정규직보다 높은 임금을 주는 경우가 생기고 있다. 향후에 구조조정 등을 고려하면 기업의 입장에서 관리하기가 더 편하다는 판단에서다.

4   취업정보 사이트인 인크루트가 260개의 중소·대기업을 상대로 조사한 바에 따르면, 지난해 신입사원의 평균 퇴사 비율은 28.8퍼센트였다. 그렇게 어렵다는 취업난을 뚫고 들어간 회사에서 1년 이내에 회사를 그만두는 신입사원이 10명 중 3명꼴인 것이다.

다른 문제는 바로 '생계형 아르바이트'다. 묻지마 취업을 선택했다가 취업과 실업을 반복하는 20대 청년이나 묻지마 취업을 선택하지 않고 그 시간을 공무원시험 준비에 먼저 투자한 20대 청년이나 모두 겪게 되는 문제가 바로 생계형 아르바이트 문제다. 조사에 따르면 생계형 아르바이트 인원은 현재 약 200만 명에 달하고 있다.

다시 강조하지만 현재 20대를 둘러싸고 있는 대부분의 문제의 출발점은 과도하게 비싼 대학등록금이다. 역시나 대학등록금으로 인한 빚이나 투여한 돈을 만회하기 위해서라도, 그리고 당연하게도 당장의 생계를 위해서라도 20대 청년들은 아르바이트를 선택한다.

당장 취업을 준비하고 있는 구직자가 도서관에서 공무원시험 수험서를 붙들고 공부만 하고 있다고 생각하면 오산이다. 이들은 수천만 원에 달하는 학자금 융자를 갚아야 하고 당장 생활해야 하며 자신들의 문화생활을 포기할 수 없다. 따라서 대부분이 아르바이트를 한다. 현재 20대 구직자의 35.4퍼센트가 아르바이트 중이며 이 중 29퍼센트가 아르바이트를 두 개 이상 하고 있다. 정규직 일자리를 못 구해 아르바이트를 하고 있다는 응답자도 35퍼센트에 달한다.[5]

하지만 이들에게 주어지는 아르바이트 임금은 현재 시간당 최저임금 4000원 정도의 수준이다. 대학등록금과 관련된 문제를 살펴볼 때도 언급했지만 이 정도의 액수는 실제 대학등록금을 마련하기에도, 당장의 생활을 해나가기에도 턱없이 부족한 액수다. 또 이렇게 법으로 정해진 시간당 최저임금 4000원을 받는 20대는 그나마 다행이다. 현재 25세 미만 고용의 18.8퍼센트 약 25만 9000명은 이 최저

---

5   취업포털 '커리어', 2007년 2월 14일 설문조사.

임금마저 못 받고 있다. 길거리에서 쉽게 볼 수 있는 외국계 편의점, 도너츠 가게 등에서는 버젓이 시간당 2100원, 3100원 등의 아르바이트 임금을 광고하고 있다. 따라서 두 개 이상의 아르바이트를 하는 아르바이트 투잡족이 늘어나고 있다.

일본에서는 취업하지 않고 아르바이트만을 하면서 자신의 취미 생활 등을 영위하며 살아가는 이른바 프리터족free-arbeiter이 400만 명에 이르러 사회문제로 등장한 지 오래다. 그러나 안타깝게도 한국의 20대는 프리터족조차 될 수 없는 것이 현실이다.

이들이 생계형 아르바이트만을 계속하면서 지내는 것은 아니다. 아르바이트를 하면서 취업준비를 하거나 비정규직으로 취업했다가 그만둔 후 다시 생계형 아르바이트로 돌아오는 것을 반복한다. 즉 약 200만 명에 달하는 생계형 아르바이트생들, 이 중 대부분을 차지할 20대 생계형 아르바이트생들 역시 사실은 청년실업자라고 봐야 한다. 그리고 이 생계형 아르바이트생들의 임금이 현실화되지 않은 조건과 청년실업 100만 명이라는 조건이 결합하면서 한국의 20대 청년들은 '비정규직'과 '생계형 아르바이트'를 오가며 절망 속으로 빠져들고 있다.

🥄 취업준비자? 장기 청년실업자!

청년실업 문제는 일정 정도 성장을 이룬 전 세계의 많은 나라들이 공통으로 안고 있다. 이것은 신자유주의의 문제로 볼 수도 있고 성장이 일정 정도 진행됨에 따라 나타나는 자연스러운 현상으로 볼 수도 있다. 그러나 많은 나라들이 공통적으로 청년실업 문제를 겪고 있음에도 불구하고 한국의 청년실업 문제가 가지고 있는 특징을 하나 꼽으라면 필자는 주저하지 않고 '취업준비자' 문제를 들겠다. 취업준비자는 2009년 1월 현재 약 53만 명에 이르고 있다. 그러나 이들은 청년실업 통계에 포함되지 않고, '비경제활동인구'에 포함된다.[6]

외국과 다르게 한국의 취업준비자는 일단 그 규모와 특성부터가 다르다. 현재 통계상 공식적인 청년실업자는 약 30만 명 수준이다. 그러나 취업준비자는 50만 명을 훌쩍 뛰어넘고 있다. 청년실업자보다 취업준비자가 많은 나라는 전 세계에서 한국이 거의 유일하다고 할 수 있다. 이렇게 특이한 현상은 2006년도를 기점으로 취업준비자의 숫자가 청년실업자의 숫자를 추월하면서 발생하기 시작했다.

[표 2-3] 2000년 이후 청년실업자 및 취업준비자 동향 (단위: 1000명)

구 분	2000	2001	2002	2003	2004	2005	2006	2007	2008
실업자	430	413	362	401	412	387	364	328	326
취업준비자				268	297	351	413	417	475

※자료: 통계청, 〈경제활동인구조사〉

이것은 현재 한국의 청년들이 취업을 시도하고 다시 실업자가 되기보다는 처음부터 취업준비자로 취업을 유예하는 경우가 압도적으로 많다는 것을 의미한다. 이들 중 다수는 노량진 학원가 등의 고시원 등에서 살면서 짧게는 1년, 길게는 5~6년까지 취업준비를 한다. 준비하는 것도 다양한데 그 중에서 압도적 다수는 7급·9급 공무원시험과 임용고시 등이다.

그런데 문제는 수백 대 일에 달하는 경쟁률 때문에 수십만 명에

---

6   실업률 통계는 공식적으로 경제활동인구에서 실업자로 분류된 사람들만 포함하고 있다.

달하는 취업준비자 중 극소수만이 공무원이나 교사 등으로 취업을 하고 나머지 대다수는 몇 년째 취업준비를 반복한다는 것이다. 사실 말이 좋아 '취업준비자'지 실제로는 '장기 청년실업자'라고 봐야 한다. 학계나 정치권에서 청년실업 문제에 접근할 때 가장 많이 범하는 실수가 바로 이 취업준비자들을 청년실업자로 보지 않는다는 것이다. 그러나 한국 청년실업 문제의 핵심은 바로 이 취업준비자들을 청년실업자로 보지 않는 것에 있다.

이들은 일반적으로 장기실업 상태에 있는 사람들이 겪는 우울증, 정신질환, 과도한 스트레스, 자살충동 등을 경험한다. 취업준비라는 이름의 실업상태가 몇 년에 걸쳐 장기화되면서 말 그대로 구직단념자, 백수 등으로 전락하는 경우가 많이 발생한다.

안타깝게도 아직까지 이들 취업준비자들의 실태에 대한 학계의 연구는 존재하지 않는다. 정확한 규모가 어느 정도인지도 파악이 불가능한 상태다. 그러나 다양한 사람들의 경험에서 확인되는 바로는 노량진을 비롯해 취업준비자들이 몰려 있는 공간들은 말 그대로 대한민국 청년실업의 현실을 가장 생생히 느낄 수 있는 곳이다.

2009년도를 기점으로 경제위기가 심화될수록 이 취업준비자의 숫자는 급격히 늘어날 전망이다. 거칠게 말하면 향후 청년실업 문제가 사회적 갈등으로 폭발할 때 가장 심각한 뇌관이 바로 이 취업준비자들의 문제가 될 것이다.

자살과 정신질환

한국의 청년실업 문제가 20대 청년들에게 미치는 영향에서 우리가 주목해야 하는 또 하나의 문제는 바로 '자살'과 '정신질환'이다.

청년실업 문제는 단순히 지금 당장 일자리를 구하고 있는 청년구직자들만의 문제가 아니다. 이미 대학에 다니고 있는 20대 초반의 청년들은 대학에 입학하면서부터 취업문제를 본인들의 가장 중요한 문제로 인식하고 있다.

이로 인해 20대 대학생들은 이전 세대는 상상하지 못했던 치열한 학점경쟁과 새롭게 사회적 문제로 등극하고 있는 '대학생 사교육비' 문제를 겪기도 한다. 토익, 토플로 대표되는 영어시험과 각종 자격증, 경력을 쌓기 위한 각종 공모전, 그리고 사회봉사활동, 이것들이 현재 취업을 하기 위한 기본 '스펙spec'이라고 이야기되는 것들이다. 여기에 연간 1000만 원의 대학등록금을 마련하기 위한 아르바이트까지 겹치면 이들은 언제 학과공부를 하는 걸까 의문이 들기도 한다.

이렇게 치열한 20대 초반의 대학생활을 거친 후 대학을 졸업했을 때 마주치는 현실이 청년실업 100만 시대, 비정규직 900만 시대라고 생각해보자. 그리고 그들이 결국 이러한 현실과 마주할 수밖에 없음을 대학에 입학할 때부터 잘 알고 있다고 생각해보자. 그렇다면 이들 20대 대학생들을 포함한 20대 청년들의 심리상태는 어떨까?

얼마 전 한 방송국에서 만든 짧은 동영상[7]에는 한국 초등학생의 27퍼센트가 자살충동을 느껴본 적이 있다는 통계가 나왔다. 평균 3.13개의 과외를 하는 한국의 초등학생들이 이로 인한 스트레스 때문에 무려 27퍼센트가 자살충동을 느낀다는 이야기다. 충격적인 수치가 아닐 수 없다. 그런데 가만히 생각해보면 우리는 중고등학생의 상당수도 자살충동을 느껴봤을 것이라고 예상할 수 있다.

---

7   'EBS 지식채널ⓒ'의 〈대한민국에서 '초딩'으로 살아간다는 것〉.

한국의 입시경쟁은 전 세계에서 가장 치열하다. 이렇게 치열한 입시경쟁에 내몰린 한국 중고등학생들의 상당수가 자살충동을 느낄 것이며 실제 매년 대학수학능력시험이 끝날 때까지, 그리고 끝난 이후 수백 명의 중고등학생들이 자살하고 있다는 것은 새삼스런 일도 아니다. 그러나 이러한 자살행렬이 과연 중고등학교 때에서 끝날까?

조사에 따르면 취업준비자의 50퍼센트 정도가 자살충동을 느껴봤다고 한다.[8] 앞에서 짚어본 비정규직, 청년실업, 묻지마 취업, 생계형 아르바이트 등의 문제들을 살펴보면 이러한 통계가 과장된 것이 아님을 알 수 있다. 또 현재 대학생의 약 12퍼센트 정도가 이미 정신질환을 앓고 있다고 한다.[9] 당연하게도 20대 청년들이 자살충동을 느끼고 정신질환을 경험하는 가장 큰 이유는 미래에 대한 불안 때문이다. 그리고 이 문제의 핵심에는 바로 청년실업 문제가 자리 잡고 있음을 쉽게 예상할 수 있다.

2007년에 전국대학생신문기자연합이 진행한 설문조사에 따르면 대학생의 45.3퍼센트가 청년실업 문제를 일상적인 고민으로 여기고 있으며 심각한 스트레스와 우울증까지 느낀다는 비율이 16.5퍼센트에 달했다. 대학생의 12퍼센트가 정신질환을 앓고 있다는 조사가 역

---

8   2007년 6월 온라인 리크루팅업체 '잡코리아'에서 20대 구직자 1082명을 대상으로 설문조사를 한 결과, 구직자의 47.3퍼센트가 '취업 스트레스로 자살충동을 느껴본 적이 있다'고 답했다(《한겨레》 2007년 7월 17일자).

9   분당 서울대병원 조사에 따르면 우리나라 대학생의 12퍼센트가 우울증 등 각종 정신질환에 시달리고 있습니다. 사정이 이렇다보니 젊은 층의 자살률도 위험수준에 달했습니다. 2005년 한 해에만 10대 청소년 300명 가까이가 스스로 목숨을 끊었고, 20대 사망원인 가운데 1위가 자살이었습니다('mbn 뉴스' 2007년 4월 20일 보도).

시 과장된 것이 아님을 알 수 있다. 이미 20대의 사망원인 1위는 자살이다. 현재 20대 사망자 가운데 자살로 인한 사망자는 17.7퍼센트에 달하고 있다.

이처럼 청년실업 문제는 단순히 일자리를 구하기 위해 더 많은 준비를 하고 자신의 적성에 맞는 일자리를 잘 찾아보는 문제가 아니다. 이미 20대에 들어서는 순간부터 20대 대부분의 삶이 대학 졸업 후 어떤 직장에 취업할 것인가, 과연 취업할 수나 있을 것인가, 정규직이 될 수 있을 것인가에 맞추어져 있는 현실에서 청년실업 문제는 단순히 일자리를 구하는 문제가 아니라는 것이다. 이는 한국의 20대 청년들의 삶을 결정하는 문제이며 그들의 생존이 걸려 있는 문제다.

03 | 청년실업을 둘러싼
진보와 보수의 오해

청년실업이라는 문제를 둘러싸고 많은 논란과 쟁점들이 있다. 청년실업 문제가 사회적으로 중요한 문제로 대두되면서 이 문제가 어디에서 비롯된 것인지에 대해 다양한 논의들이 벌어지고 있다. 그러나 이러한 다양한 논의들 속에서 중요한 것은, 이 문제를 현재 안정된 일자리를 확보하고 있는 일부 40~50대의 눈높이가 아니라 20대 청년들의 눈높이에서 바라보는 것이다. 그리고 그들의 입장이 되어 사고하는 것이다.

과거에도 20대 청년들이 일자리를 구하지 못하는 문제는 있었을 것이다. 그리고 청년실업은 유난하게 한국만 겪고 있는 문제가 아니라 전 세계적으로 나타나고 있는 문제이며 유럽과 같은 지역들에서는 오래 전부터 나타난 문제이기도 하다. 그러나 여기서도 중요한 것은 외국의 어떤 나라들이 겪는 청년실업 문제와 한국의 청년실업 문제가 어떻게 다른지 아는 것이다.

현재 한국에서 살아가고 있는 청년들이 겪는 청년실업 문제는 너무나 당연하게도 현재 한국이 안고 있는 특수성과 결부지어 나타날 수밖에 없다. 단순히 외국의 청년실업률과 비교하거나 외국 청년들의 일자리 구하기나 사고방식, 취업행태 등과 비교하는 것은 한국적 특수성을 고려하지 않고 한국의 20대 청년들이 유난히 나약하거나 이기적이거나 오만하다는 편견을 조장하는 것에 지나지 않다.

여기에는 한국 사회의 보수와 진보 양측 모두 가지고 있는 두 가지 오해가 있다. 이것은 보수와 진보 모두가 한국의 20대를 제대로 이해하지 못하고 있다는 증거다. 그리고 양측 모두 청년실업 문제를 20대의 눈으로 바라보고 있지 못하다는 것을 의미한다.

보수 - 청년들의 눈높이가 너무 높다

청년실업 문제에 접하면서 가장 많이 나오는 이야기 중 하나가 바로 한국의 20대 청년들의 눈높이가 너무 높다는 것이다. 경제 규모나 국가의 소득수준에 비추어봤을 때 한국의 청년들이 너무 높은 임금이나 안정된 일자리만을 요구하는 것이 아니냐는 것이다. 대체로 이념적으로 보수적인 언론들이나 학자들이 주장하는 내용이다.

이러한 주장은 일견 설득력이 있어 보인다. 실제로 중소기업들에서는 구인난을 겪고 있고 20대 청년들 대부분이 대기업이나 공무원과 같은 안정되고 좋은 일자리만 구하고 있는 것처럼 보이기 때문이다. 그러나 이러한 주장은 어떤 면에서는 굉장히 폭력적이다. 왜냐하면 이러한 주장들은 한국의 20대가 처해 있는 특수한 상황과 한국 경제가 가지고 있는 특수한 상황을 고려하고 있지 않기 때문이다.

한국의 대학진학률은 83퍼센트에 달하고 있다. 모두가 알고 있듯이 전 세계에서 이 정도의 대학진학률을 보이는 나라는 없다. 한국의 20대 대부분이 대학생이라는 이야기인데 여기서 대학등록금이 연간 1000만 원에 달하는 나라 역시 대한민국밖에 없다는 사실을 다시 한 번 상기할 필요가 있다.

수천만 원에 달하는 대학등록금을 내고 고등교육을 이수한 대학졸업자라는 한국의 20대 청년들이 바라는 일자리의 수준이 상대적으로 높은 것은 사실 너무나도 당연하다. 고등교육을 받은 한국의 20대 청년들이 자신이 받은 교육수준에 맞는 일자리를 요구하는 것을 어떻게 눈높이가 너무 높다며 매도할 수 있을까? 한국의 20대 청년들이 안정되고 소득수준이 높은 일자리를 요구하는 것은 그들이 받은 교육수준을 고려하면 너무나도 당연하다.

두 번째 문제는 현재 한국의 20대가 대학을 졸업하기까지 투여한 자본의 양을 고려하지 않고 있다는 것이다. 한국의 20대 청년구직자들은 모두 이미 연간 1000만 원에 달하는 대학등록금을 몇 년씩 냈고, 각종 자격증에 영어시험까지 치르면서 대학을 졸업했다. 그들이 대학을 졸업하기까지 투여한 자본의 양이 전 세계 어느 나라와 비교해봐도 높기 때문에 투여한 자본의 양만큼 회수할 가능성이 높은 일자리를 요구하는 건 당연하다. 이를 단순히 유럽이나 일본 등과 같은 선진국들과 비교하는 것은 말도 되지 않는다.

독일이나 프랑스는 대학등록금의 수준이 한국의 10분의 1에도 미치지 못한다. 더구나 이러한 나라들에서 10여 개의 자격증과 공모전 경력, 그리고 토익과 토플과 같은 영어능력 등을 요구한다는 이야기는 들어본 적도 존재하지도 않는다. 한국의 대학등록금 수준이나 대학에 들어가기까지 투여하는 사교육비 등의 수준이 독일이나 프랑스 등 다른 선진국들처럼 낮은 수준이라면 한국의 20대 청년들의 눈높이가 높다는 주장이 설득력을 얻을 수 있다. 그러나 현재 한국에서 그러한 주장들은 설득력이 없다.

세 번째 문제는 비정규직 문제를 너무 가볍게 본다는 것이다. 일부에서는 20대 청년들이 일단은 비정규직으로라도 취업을 한 다음에 정규직으로 올라가는 것을 고려하지 않는다고 주장한다. 이미 비정규직이 900만에 달하고 있는 상황에서 굉장히 현실적인 주장처럼 들릴 수 있는 주장이다. 그러나 실제 비정규직의 단 10퍼센트만이 정규직이 된다는 현실을 무시한, 말 그대로 포장에 지나지 않는다.

처음부터 비정규직이 되면 정규직으로 올라갈 가능성이 희박하다는 것을 한국의 20대 청년들은 이미 경험으로 알고 있다. 따라서 애초에 비정규직으로라도 취업하지 않고 생계형 아르바이트생으로 공무원시험을 준비하거나 비정규직으로 취업했다가도 곧 그만두고 다시 생계형 아르바이트생이나 니트족이 되는 것을 선택하여 더 장기적인 숨고르기에 들어가는 것이 한국 20대 청년들의 전략이다. 이것이 바로 중소기업에 취업한 청년들의 60퍼센트가 1년 내에 이직을 하는 핵심적인 원인이다. 중소기업의 일자리 대부분이 비정규직이거나 그에 준하는 일자리이기 때문이다.

미래가 없는 비정규직이 될 바에야 차라리 프리터족이나 니트족이 되는 것을 선택하는 한국 20대 청년들의 선택은 역설적으로 한국의 비정규직 문제가 얼마나 심각한 수준인가를 보여주는 사례일 뿐이다.

🐚 진보 - 왜 짱돌을 들지 않나

보수와는 다르게 진보진영의 경우 바람직하게도 청년실업 문제를 사회구조적인 문제로 보고 있고 사회가 20대들에게 가하는 부당한 처우로 인식하고 있다. 더구나 현재 한국의 진보진영이 비정규직 문제, 대기업과 중소기업의 양극화 문제 등을 주요 이슈로 삼고 있는 상황에서 보수진영처럼 일방적으로 청년들의 눈높이가 너무 높다는 식의 주장들을 하지는 않는다. 그러나 가만히 살펴보면 한국의 진보진영 역시 청년실업 문제를 일종의 짜증(?)을 섞어서 보고 있다는 것은 부인하기 힘들다. 그것을 간단히 정리하면 "그렇게 심각한데 왜 짱돌을 들고 일어나지 않는가!" 일 것이다.

진보진영이야 언제나 사회구조적인 문제를 해결하기 위해서는 해당 문제의 당사자들이 단결하고 투쟁해야 한다는 공식을 가지고 있다. 따라서 한국의 청년실업 문제가 그렇게 심각하고 이 때문에 한국의 20대 청년들이 그렇게 고통받고 있다면 왜 스스로 그 문제를 해결하기 위해 '바리케이트'를 치고 '짱돌'을 들고 거리로 나서지 않는지 물어보는 것이다.

그렇다면 한번 진지하게 고민해보자. 왜 한국의 20대 청년들은 청년실업 문제를 해결하기 위해 거리로 나서지 않는 걸까? 여기서 아마 대부분의 진보진영은 프랑스의 예를 들 것이다.

2006년 프랑스의 청년들과 학생들은 프랑스 정부가 제안한 '최초고용계약법'에 맞서서 수십만 명이 거리로 몰려나왔고 결국 이 법안을 철회시켰다. 최초고용계약법은 프랑스 정부가 약 23퍼센트에 달하는 프랑스의 청년실업 문제를 해결한다는 명목 아래 기업들이 청년들을 고용할 때 일정 기간 해고를 자유롭게 하여 일자리를 늘리겠다는 발상으로 만든 법안이다. 그러나 프랑스의 청년들과 학생들은 본인들의 고용을 위협하는 이 법안에 맞서서 강력하게 저항했고 결국 정부가 이 법안을 스스로 철회하도록 만들었다.

청년실업 문제가 한국에서도 사회적으로 매우 큰 문제가 되고 있고 이에 대해 다양한 원인분석과 해법들이 논의되기 시작하자 프랑스 청년학생들의 '최초고용계약법' 반대투쟁은 진보진영이 20대들에게 자주 이야기하는 사례가 되어버렸다. "프랑스의 청년학생들은 자신들의 청년실업 문제를 해결하기 위해 수십만 명이 거리로 나섰다. 그러니 한국의 20대들도 거리로 나서서 이 문제를 해결하기 위해 싸워야 한다"는 논리다.

그런데 한국의 20대는 거리로 나서 '짱돌'을 들고 자신들의 고용문제를 들고 싸우기보다는 공무원시험 수험서를 들고 고시원으로 도서관으로 잠복해 들어가고 있다. 이러한 상황은 진보진영에게 매우 큰 당황스러움을 안겨주는데 단순히 2000년대 이후 학생운동이 약화되었기 때문에 청년들과 학생들이 조직되지 않는다는 고민이 아니라 과연 한국의 20대가 스스로의 문제를 해결할 의지가 있는 것인지를 의심하게 만들었다. 그리고 이러한 의심은 선거 때마다 나타나는 20대들의 저조한 투표율[10]과 사실이든 아니든 외면적으로 보이는 대학가의 탈정치화 바람과 연동되어 진보진영을 짜증(?)나게 만드는 문제인 듯하다. 그러나 필자가 보기에는 이 역시도 진보진영이 한국의 20대의 현실을 너무 피상적으로 이해하고 있는 데서 생기는 오해다.

프랑스에서 수십만 명의 청년들과 학생들이 거리로 뛰쳐나와 자

---

10   아마도 2007년 대선에서 진보진영과 개혁진영의 선거 패배 이후 이러한 짜증은 더 깊어진 듯하다.

신들의 고용문제와 청년실업 문제를 들고 싸울 수 있었던 원인은 무엇이었을까?

프랑스의 청년실업률이 23퍼센트라고 하지만 이 수치는 공부하는 학생들의 숫자가 포함되어 있지 않은 순수하게 청년층 노동력에서 나온 수치다. 학업에 종사하는 프랑스의 학생들을 포함하면 프랑스의 청년실업률은 7.8퍼센트 수준이다. 프랑스에서 15~24세의 청년들 중 학업에 종사하지 않는 청년들에게서 발생하는 문제가 바로 청년실업이라는 것이다.

그럼 학업에 종사하는 프랑스 대학생들은 졸업을 하고 난 후에 청년실업 문제를 겪게 될까? 프랑스 대학생들 중 3분의 1은 졸업 후 바로 정규직으로 취업할 수 있고 나머지도 대부분 6개월 내에 정규직으로 취업할 수 있다.[11] 프랑스 같은 나라들의 청년실업 문제의 핵심은 대학이나 고등학교에 진학하지 않은 도시 외곽의 빈곤층 청년들의 문제다. 따라서 프랑스의 대학생들이 주력이 된 '최초고용계약법 반대투쟁'은 프랑스의 청년들과 학생들이 가지고 있던 일종의 작은 특권마저 빼앗으려는 것에 저항한 것이라 봐야 한다.

그러나 이에 비하면 한국의 20대 청년들과 학생들이 처해 있는 상황은 심각하다. 한국의 청년실업 통계에는 애초에 대학생이 제외되어 있고 비경제활동인구에서 취업준비자, 구직포기자가 제외된 상태에서 7.5퍼센트 수준이다. 실제 한국의 청년실업 문제는 비경제활동인구, 즉 대학을 졸업한 후 취업준비자, 구직포기자 등으로 있

---

11   'CPE: la reforme impossible?' (《Le Monde》 2006년 4월 4일자). 최초고용계약의 짧은 생애에 대한 관찰 기록, 박제성에서 재인용했다.

는 청년들의 문제라고 할 수 있다. 그러니까 한국과 프랑스의 청년 실업 문제는 그 구조부터 다르다.

대학생을 제외한 실제 한국의 청년실업률은 취업준비자, 구직포 기자까지 포함하면 19.5퍼센트에 달하며, 실제 외국에서는 실업자로 분류하는 단시간 아르바이트생까지 포함하면 20퍼센트를 훌쩍 넘어간다. 프랑스의 도시 외곽 빈곤층 청년들의 청년실업률과 한국의 대학을 졸업한 고학력 청년층의 실업률이 비슷하다는 것은 한국의 청년실업 문제가 얼마나 심각한지 극명하게 보여준다.

그런데 문제는 여기서 그치지 않는다. 프랑스의 대학등록금은 연간 50만 원이 채 되지 않는 수준이지만 한국의 대학등록금은 연간 1000만 원에 달한다. 더구나 프랑스는 20대들의 주거나 교통 등에 대한 국가적 지원이 매우 잘 되어 있는 나라다. 그러나 한국에는 20대 청년학생들에 대한 국가적 지원이 거의 존재하지 않는다. 프랑스에서는 대학졸업자의 거의 대부분이 3년 내에 정규직으로 취업한다. 하지만 한국에서는 절반 정도가 비정규직으로 취업해야 하는 현실이다. 프랑스의 청년학생들과 단순 비교하여 한국의 20대가 왜 거리로 나서지 않느냐고 묻는 것은 핵심에서 비켜 있는 질문이다.

한국의 20대 청년학생들은 지금 당장 거리에 나서서 저항하기에는 너무나 힘든 상황에 놓여 있는지도 모른다. 이들의 이러한 상황에 진보진영이 약간이나마 숨통을 터주어야 그들이 짱돌이 아니라 촛불이라도 들고 거리로 나설 수 있는 것이 아닐까? 그 터주어야 하는 작은 숨통은 앞에서 살펴보았듯이 현재로서는 '대학등록금'에 대한 20대들의 부담을 덜어주는 것이 핵심일 것이다.

그러나 한국의 청년들에게 짱돌을 들고 거리로 나가라고 훈계를 하기에는 한국 사회의 진보진영이 대학등록금 문제 같은 것에 기울인 노력은 미미하다. 최근 들어 범사회적인 등록금 대책기구 등을 만들자고 주장하고 있는 것은 다행이라 할 수 있다. 한국의 청년들이 유난히 주체성이 없거나 학생운동이 약화되어서가 아니라 대학등록금 문제와 고학력 청년실업 문제라는 두 가지 문제가 20대들만의 힘으로 해결하기에는 너무 거대한 문제였음을 진보진영이 인정하는 것이 먼저가 되어야 할 것이다.

대담 두 번째

청년실업 문제는 한국 사회의 미래

● **대담 참석자**

민경우(44살, 전 통일연대 사무처장)
조성주(32살, 저자)
윤태영(26살, 연세대학교 상경대학 졸업)

조 20대의 문제를 이야기함에 있어서 청년실업 문제를 이야기하지
않을 수 없다고 생각합니다. 청년실업 문제는 1997년 IMF 당시에
잠깐 문제가 되었다가 좀 조용해졌습니다. 그러다가 2003년 정도
부터 심각한 사회문제로 대두됐습니다. 실제 20대들이 겪고 있는
청년실업 문제는 어떠한지 이야기를 나눠봤으면 합니다. 사실 솔
직히 말하면 저는 학생운동 이후에 사회운동에 바로 뛰어들었기
때문에 청년실업 문제를 전혀 느끼지 못하는 입장입니다.

민,태 웃음

조 실제 그렇거든요. 이른바 진보진영에서 시민단체 활동을 한다던
가 학생운동을 한다던가 또는 사회운동에 자기 전망을 가진 사
람들은 청년실업 문제를 전혀 느끼지 못하는 것 같습니다. 저도
그렇고 주변의 진보·개혁진영의 단체 활동가들도 그렇습니다.
시민단체나 사회운동 진영의 경우에는 청년 활동가들이 모자란
것이 문제지 일자리가 없는 것은 아니니까요. 때로는 이런 상황

**&&과거 선배들의 취업문제가 자기가
원하는 직장에 갈 수 있는가 없는가의 문제였다면
지금은 말 그대로 직장을 구할 수 있는가
없는가의 문제입니다 &&**

이 사회운동이나 학생운동 진영에서 청년실업 문제를 소홀히 여기는 편향을 낳게 한 것이 아닌가 생각합니다.

민 상당히 공감합니다. 저도 오랫동안 통일문제를 중심으로 사회운동 등을 해왔지만 청년실업 문제가 심각하다고 느끼게 된 것은 얼마 되지 않았습니다. 몇 년쯤 전에 20대들과 이야기하다가 지금 청년실업 문제가 굉장히 심각하구나, 이 문제가 이들의 삶과 생활 전반을 규정짓는 문제겠구나 생각하게 되었습니다.

태 대학선배들과 이야기할 때 비슷한 느낌을 많이 받습니다. 사실 대학선배들은 지금 대학생들이 느끼는 청년실업 문제를 별로 이해하지 못하는 것 같습니다. 과거 선배들의 취업문제가 자기가 원하는 직장에 갈 수 있는가 없는가의 문제였다면 지금은 말 그대로 직장을 구할 수 있는가 없는가의 문제입니다. 그런데 이런 차이를 전혀 알지 못하는 것 같아요. 그러다보니 선배들은 후배들한테 "네가 준비를 열심히 안 해서 그래"라든지 "눈높이를 조금 낮춰보는 게 어때?"라고 아주 쉽게 이야기하곤 합니다. 후배들 입장에서는 선배들의 그런 이야기들을 들을 때면 뭐랄까, '자기 일 아니라고 쉽게 이야기한다?' 이런 생각이 많이 들죠.

조 지금 20대들이 느끼는 청년실업 문제의 심각성은 어느 정도입니까?

민 더구나 최근 고용상황이 매우 안 좋아지면서 아주 심각할 듯한데…….

태 '최악'인데…….

조, 민 웃음

조 죄송합니다. 그냥 '최악'이라는 말이 너무 쉽게 나와서 좀 당황했습니다. 1990년대 중반, 그러니까 저보다 좀 선배 학번들인 94, 95학번 정도의 선배들은 취업을 잘했던 것 같습니다. 물론 중간에 IMF라는 불의의 일격을 맞기는 했지만 1, 2년 만에 취업상황이 나아졌습니다. 그때도 IMF 구조조정의 여파로 중견기업이 많이 사라지기는 했어도 이른바 '벤처열풍'이 있었습니다. 아직 기회가 남아 있었던 겁니다. 또 제가 볼 때 중요한 점은 당시만 해도 비정규직이 이렇게 많지 않았기 때문에 지금과 같이 일자리의 양극화 문제가 심각하지 않았을 겁니다. 그런데 어느 순간부터 상황이 완전히 달라졌습니다. 제 기억에 남는 선배는 92학번인데요, 1999년인가 2000년인가 제가 군대를 가기 전인데, 자기 꿈이 공무원이라고 말하더군요. 7급 공무원이 꿈이라고요. 당시 제 동기들이나 후배들은 '정말 꿈이 소박하다'고 생각하는 분위기였습니다.

민, 태 웃음

조 당시만 해도 서울의 4년제 대학에서 7급 공무원은 좀 '소박한

(?)' 꿈에 속한다고 여겼던 것 같습니다.

태 지금은 7급 공무원이면 엄청난 겁니다. 명문대, 지방대를 가리지 않고 7급 공무원을 준비하는 학생들이 수만 명이 넘습니다.

조 그런데 그렇게 이야기했던 선배들의 다수가 아직 7급 공무원이 되지 못했습니다. 지금이 2009년도니까 적어도 7~8년 정도는 지났는데 말입니다. 2003년 정도부터 공무원 열풍이 불기 시작하면서 점점 상황이 어려워졌던 겁니다.

태 제가 1학년 때인데, 졸업한 후 취업한 93, 94학번 선배들이 학교에 와서 명함을 주던 기억이 납니다. 그런데 한 선배는 93학번인데 명함이 계속 바뀌는 겁니다. 무슨무슨 벤처회사에서 계속 스카우트돼서 자리를 옮기면서 2~3년마다 회사가 바뀌는 겁니다. 그래서 저나 동기들이 "저 선배 굉장히 잘 나가는구나" 하고 서로 이야기했던 기억이 납니다. 지금은 한 과에 50명 정도인데 우울한 게 뭐냐면, 행정고시를 준비하는 친구들이 한 20명 정도 됩니다.

조 50명 중에 20명?

태 네, 제가 상경대입니다. 그 중에서 CPA에 합격한 친구들은 상황이 아주 좋지만, 5급 공무원 시험을 보는 친구들과 대기업에 가고 싶은 친구들은 큰 문제를 겪고 있습니다. 저랑 가장 친한 친구 둘이 3년 동안 고시공부를 했는데요, 이 친구들이 굉장한 엘리트입니다.

민, 조 엘리트? (웃음)

태 네. 학점도 엄청나게 좋고, 영어도 잘하고, 여하튼 못 하는 게 없습니다. 그런데 문제가 뭐냐면, 옛날에는 개천에서 용 나는 게 고

66 예전처럼 가난한 학생들이 골방에서 혼자
책 보면서 하는 게 고시가 아니라는 겁니다.
사설학원 코스에서 공부할 수 있는
쾌적한(?) 환경이 갖추어져야 고시에서
경쟁력이 있다는 겁니다 **99**

시였지만 지금은 아니라는 겁니다. 고시를 준비하려면 신림동에서 2년짜리 코스를 들어야 하는데 한 달에 150만 원씩 듭니다. 유명강사가 하는 학원비, 독서실비, 생활비 등으로 한 달에 최소 150만 원이 드는 겁니다. 그 경제적 압박을 못 견디고 고시를 포기하는 친구들이나 선배들이 많습니다. 이것은 5급이든 7급이든 크게 다르지 않습니다. 예전처럼 가난한 학생들이 골방에서 혼자 책 보면서 하는 게 고시가 아니라는 겁니다. 사설학원 코스에서 공부할 수 있는 쾌적한(?) 환경이 갖추어져야 고시에서 경쟁력이 있다는 겁니다. 이게 과거와 굉장히 달라진 측면인 것 같습니다.

민 드라마에 자주 나오는 고학생은 이제 거의 없다고 보면 되겠네요. 고시라는 것이 이제 저소득층, 하류층에서 상류층으로 올라갈 수 있는 수단이 되지 못한다는 것은 슬픈 이야기입니다. 고시도 돈이 있어야 통과할 수 있군요.

태 네. 그래서 제 친구들이 어떻게 되었냐면 한 친구는 지방 공사를 들어가려고 이른바 눈높이를 낮추었는데, 올해 2학기에는 공기업에서 한 명도 채용하지 않았습니다.

조 공공부문에서의 구조조정이 실제 청년들의 취업에 크게 영향을
미치는 거군요.

태 그렇습니다. 또 한 명은 내년 2월부터 일을 하게 됐는데요, 당연
히 비정규직입니다. 그리고 교직 합격은 거의 하늘에 별 따기입
니다. 3년 동안 교직만 준비하는 친구들도 많습니다. 더 심각한
것은 비정규직입니다. 어떤 식이냐면, 최근에 제 남자동기들 대
부분이 취업을 하고 있습니다. 그런데 10명 중에 8명은 비정규직
입니다. 어떤 상황이냐면 마치 옛날의 봉제공장 시다 뽑는 거랑
똑같은 식입니다. 100명 뽑아서 두 달 동안 한 달에 100만 원을
주고 인턴으로 사용합니다. 그러다가 나중에 100명 중에서 50명
만 정규직으로 채용하는 겁니다.

조 그런 이야기는 많이 들었습니다. 황당하게도 이런 경우도 있다
고 합니다. 인턴으로 채용한 후 나중에 정규직으로 전환되면 오
히려 임금이 더 내려가는 겁니다.

민 왜 그렇죠?

조 임금을 조금 더 주더라도 인턴으로 쓰는 것이 향후에 회사 입장
에서 여러모로 유리합니다. 상여금이나 그 밖에 복리후생에 들
어가는 돈이 절약되고 구조조정하기도 쉽습니다. 그래서 대부분
의 청년들이 그냥 비정규직 상태에 있게 되는 겁니다. 청년층에
서 비정규직의 임금이 정규직의 임금보다 높은 이상한 상황이
벌어지는 겁니다.

민 그래서 지금 공무원이나 공기업을 제외하고 대기업 중에서 가장

선호하는 일자리는 뭡니까?

태 상경대에서는 제일 알아주는 것이 '정유사'입니다.

조, 민 웃음

민 최근 전 세계적으로 고유가 때문에 정유사들의 가격담합 등이 문제가 되기도 합니다. 그리고 최근 화물연대 파업 등에서도 나타나듯이 정유사들이 가장 이윤을 많이 가져가는 기업들이라는 것이 주된 인식입니다. 생각해보면 그것은 역설적으로 가장 선호하는 일자리가 될 수도 있다는 이야기네요.

조 저는 20대 청년들이 제일 선호하는 일자리를 보면 그 시기 한국 경제에서 가장 잘 나가거나 가장 많은 이윤을 남기는 회사들을 알 수 있다고 생각합니다. 1999년, 2000년에는 벤처기업이 20대들의 선호직장이었습니다. 2004년 정도부터는 외국계 기업들이 그 자리를 대신하더군요. 그리고 다시 국내 대기업이 선호직장이 되었다가 최근에는 정유사나 공기업이 그 자리를 차지했습니다.

민 공기업들은 곧 선호직장에서 밀려나지 않을까요? 현 정부의 기조가 공기업 민영화 아닙니까?

조 아마도 그럴 거라고 예상됩니다. 현재 학생들이 가장 선호하는 또다른 일자리는 어떤 겁니까?

태 정유사랑 금융 쪽 일자리를 가장 선호합니다. 정유사는 특권 중의 특권이고 그 중에서 GS칼텍스, SK에너지 등을 가장 선호합니다. 그러나 이것은 상경계열 학생들만의 특권입니다. 다른 과의 친구들은 이런 일자리를 꿈꾸기가 힘듭니다.

조 그나마 취업이 잘되는 곳이 상경계열 쪽 아닙니까?

66 저는 20대에게 길거리에서
핸드폰이나 팔게 하는 것이 제대로 된
사회냐고 질문하고 싶습니다 **99**

태 실제 대학에서도 그런 것 같습니다.

조 수도권의 대학들이나 대학서열화 체제에서 상위권의 대학들에서는 계열마다 취업상황이 다르다는 문제가 있겠지만, 대학서열화 체제에서 중위권 정도의 대학만 가도 지금 심각한 일들이 벌어지고 있습니다. 대학진학률 83퍼센트인 상황에서 중위권 대학들에서는 말 그대로 고학력 실업문제가 발생하고 있습니다. 또 지방의 4년제 대학, 전문대들을 졸업한 학생들은 갈 수 있는 일자리가 없습니다. 더구나 지방 경제가 이미 파탄 난 상황에서 이 문제는 더욱더 심각해질 겁니다.

민 청년실업 문제에서도 대학 간, 서울과 지방 간 양극화문제가 나타나고 있다고 보입니다. 이 문제는 이 사회가 아주 심각하게 연구하고 고민해야 하는 문제라고 생각합니다.

조 청년실업 문제와 관련해서 제게 가장 인상적인 건 길거리에서 핸드폰을 팔고 있는 20대들입니다. 취업률 통계에 이들이 취업을 한 인원으로 잡히는지는 모르겠습니다. 그런데 이들이 실제 취업했다고 보기는 힘듭니다. 우석훈 교수가 《88만 원 세대》에서, 20대에게 할인마트에서 인사나 시키는 사회가 제대로 된 사회냐고 질문했는데 비슷하게 저는 20대에게 길거리에서 핸드폰이나 팔게 하는 것이 제대로 된 사회냐고 질문하고 싶습니다.

무슨 말이냐면 민 선배님과 같은 과거 386세대들과 이야기하다 보면 1970~80년대 위장취업 당시 만났던 여공들의 이야기를 많이 듣습니다. 그러면서 특히 진보운동 쪽에 있는 사람들이 지금 20대들이 나약한 것 아니냐는 식의 말을 많이 하죠. 제가 반문하고 싶은 것은 1970~80년대 여공들이 지금은 누구일까 하는 겁니다. 지금 2009년도에, 바로 거리에서 핸드폰을 팔고 있는 그들이 1970~80년대 때 선배들이 만났던 그 여공들이 아닐까요?

태 저도 비슷한 고민을 합니다. 단순히 일자리의 많고 적음의 문제가 아니라 그 일자리가 20대들에게 미래에 대한 희망을 줄 수 있는가의 문제로 볼 필요가 있다고 생각합니다.

조 비슷한 고민을 영화를 보면서 할 때도 있습니다. 2000년대 이후에 20대들이 열광한 영화가 몇 개 있습니다. 작년에 개봉한 〈원스〉라는 영화가 그랬고 그 이전에 〈조제, 호랑이 그리고 물고기들〉이라는 영화가 있었습니다. 저는 두 영화가 모두 청년실업 문제와 연관되어 읽혀졌습니다. 〈원스〉는 유럽의 비정규직 청년들의 연대와 사랑에 대한 영화로 느껴졌고 〈조제, 호랑이 그리고 물고기들〉은 일본의 20대들이 겪는 문제로 느껴졌습니다. 일본은 1990년대 초반 버블붕괴 위기 이후 우리랑 비슷한 문제를 겪었습니다. 지금 우리 20대들도 비슷한 고민과 위기를 겪고 있다고 생각합니다. 영화를 보면 주인공 남자와 여자가 대학을 졸업한 후 헤어졌다가 몇 년 만에 만났는데 이전 여자친구가 나레이터 모델을 하고 있습니다.

태 네, 저도 봤습니다. 나레이터 모델을 하고 있었죠.

조 그리고 서로 어색하게 그동안 너는 뭘 했니, 지금 나는 뭘 하고 있다. 그게 너한테 어울리는 것 같다 등의 이야기를 나누는 장면이 있습니다. 그런데 저한테는 나레이터 모델을 하고 있는 그 20대 일본여성이 한국의 길거리에서 핸드폰을 팔고 있는 20대 청년으로 보입니다. 대학서열화 체제에서 중위권 대학, 하위권 대학으로 가면 이런 문제들이 일어나고 있습니다. 사실 기업에 취업한다는 것 자체가 상위권 대학들만의 아귀다툼이 아닌가 하는 슬픈 생각이 듭니다.

만약 이런 문제가 계속된다면, 한국 사회는 사회보장제도가 워낙 안 되어 있기 때문에 20대들은 극단의 상황으로 몰리게 될 겁니다. 이러다보면 결국 다단계판매 같은 것으로 몰리게 됩니다. 이것을 사회적으로 해소시켜주지 못하면 한국의 20대 청년들이 굉장히 반사회적으로 갈 가능성도 크다고 생각합니다. 유럽도 청년실업 문제를 겪으면서 훌리건이나 네오나치 등과 같은 문제를 겪게 된 역사가 있지 않습니까?

민 최근 일본에서 일어나고 있는 무차별 살인 같은 것도 그런 것이라고 생각됩니다. 저도 그렇게 갈 가능성이 높다고 생각합니다. 따라서 현재 청년실업 문제는 전 사회가 달라붙어서 해결해야 하는 아주 심각한 문제입니다. 2008년에 일어난 10대들의 광우병 쇠고기 수입반대 촛불집회가 인상적이라고 하지만 사실 청년실업 문제가 해결되지 않은 상황에서는 그런 10대들의 새로운

> **"대학생 아르바이트는 시급이
> 1만 원인데 비정규직 사서는 시급 4000원이라,
> 이거 굉장히 당황스러운 이야기네요"**

에너지가 사회적으로 바람직한 방향으로 발전할 기회를 갖지 못할 가능성이 큽니다.

태 그것과 관련해서 흥미로운 것은, 제가 학교 도서관에서 아르바이트를 하고 있는데요, 대학생 아르바이트 말고 비정규직 사서가 있습니다. 비정규직 사서는 항상 외부의 다른 대학교에서 뽑습니다. 주로 2년제 대학 문헌정보학과를 졸업한 여학생이나 돈이 없어서 학교를 잠시 휴학했거나 막 제대한 후에 복학한 남학생이 옵니다. 제가 그곳에서 2년 정도 아르바이트를 했는데 같이 일한 비정규직 사서 한 분도 지방의 공대 출신이었습니다. 그런데 저는 자기 학교에서 하는 아르바이트라고 시급 1만 원을 받았는데 그 분은 시급 4000원을 받는 겁니다.

조 대학생 아르바이트는 시급이 1만 원인데 비정규직 사서는 시급 4000원이라, 이거 굉장히 당황스러운 이야기네요.

태 네. 그런데 인상적이었던 것은 그 사람이 아고리언(포털사이트 '다음'의 토론게시판인 아고라에서 활동하는 네티즌을 일컫는 말)입니다. 그리고 도서관 아르바이트가 끝나면 광화문의 광우병 쇠고기 수입반대 촛불집회로 달려가는 예비역 중 한 명이었습니다. 한나

라당의 국회의원이 광화문 촛불집회에 나가는 사람들을 비하하지 않았습니까? 그 사람들은 실업자나 비정규직, 그러니까 다음 날 출근할 걱정이 없는 그런 사람들이라고. 그런데 그게 아주 틀린 말 같지는 않습니다. 생각해보면 똑같이 일하는데 누구는 연봉이 4000~5000만 원 정도 됩니다. 도서관의 정규직 사서가 이 정도 받거든요. 그런데 누구는 시급이 4000원입니다. 이런 불평등한 구조와 차별이 쌓이다보면 당연히 어떤 계기가 마련되었을 때 광장으로 뛰쳐나가게 되는 거라고 생각합니다. 어느 단체 등에 조직돼서 어디 소속으로 나오지는 않아도 각자 나름대로의 이유로 거리로 나오는 것 같습니다.

조 청년실업 문제를 좀 현실적으로, 그리고 다양하게 바라본다면 이런 측면도 있습니다. 우스갯소리 같지만 20대 청년들의 고용을 흡수해주는 것들 중 하나가 사교육시장이기도 합니다. 수많은 보습학원과 전문학원 강사들 대부분이 20대 청년들입니다. 한국 사회에서 가장 문제라고 이야기하는 사교육시장이 청년들의 고용을 흡수해주는 측면이 있습니다. 사교육시장의 규모가 20조 원에서 30조 원이라니까 충분히 그럴만한 여유가 있습니다. 그런데 그 내부에서도 문제가 발생합니다. 적당한 규모의 학원에 안정적으로 고용된 친구들이 아니면 대부분이 사교육시장에서도 비정규직 강사인 거죠. 이 친구들은 한 달 내내 거의 휴일도 없이 일하면서도 80만 원에서 100만 원 남짓 받는 경우가 많습니다.

민 그래서 일자리 창출 자체도 중요하지만 일자리의 질 문제도 중요하다고 봅니다. 이런 면에서 비정규직 문제 같은 것은 20대 청년들이나 학생들이 관심을 기울여야 하는 문제라고 생각합니다. 그리고 노동운동이나 사회운동에서도 비정규직 문제를 20대들의 문제로 인식할 필요성이 있다고 생각합니다. 그런데 그런 식의 접근이 상당히 부족했습니다.

조 문제는 현실적으로 청년실업의 해결이 쉽지 않다는 데에 있습니다. 당장에 일자리 창출을 이야기하지만 이미 한국 사회는 성장동력이 상당히 약해진 상황입니다. 더구나 노무현 정부나 이번의 이명박 정부나 청년실업 문제에 뚜렷한 해결책을 제시하지 못하고 있는 상황입니다. 사회적 일자리 창출 같은 것은 장기적으로는 좋은 정책이지만 지금 당장 청년들의 고통을 해결해주기에는 무리입니다. 대부분이 비정규직이거나 저임금 일자리입니다. 공공부문에서의 일자리 창출도 현재 이명박 정부의 정책기조 상에서는 어려울 것이라고 전망됩니다.

그렇다면 지금 당장 청년들의 취업문제를 어떻게 해결할 것인가 좀더 현실적으로 고민해볼 필요가 있다고 생각합니다. 저는 차라리 연간 1000만 원에 달하는 대학등록금을 획기적으로 낮춰주는 것이 더 현실적인 대책이라고 생각합니다. 공공부문에서 일자리가 창출되거나 한국 경제의 내수경제가 어떤 식으로든 좀 살아날 때까지 당분간 버틸 수 있게 해준다는 의미가 있습니다. 이와 더불어 지금 청년들에게는 적용되지 않는 고용보험을 적용해준다던지 하는 사회보험정책을 병행하는 것이 현실적일 겁니다.

태 취업문제와 대학등록금 문제는 긴밀히 연결되어 있습니다. 사실 대학등록금으로 낸 액수 때문에 눈높이를 낮추기 힘든 측면도 있습니다. 또 등록금으로 진 빚 때문에 비정규직으로 급하게 취업하는 경우도 많고 취업준비 중에도 그 빚이 매우 큰 부담이 되기 때문입니다.

민 그러나 제가 볼 때 상황이 더 안 좋은 것은, 2003년부터 2007년까지 청년실업 문제가 심각했던 시기는 전 세계적으로 고성장 저물가 상황이었고 2008년 이후에는 물가가 뛰고 경기는 침체되는 저성장 고물가 상황이라는 겁니다. 삼성경제연구소의 보고서에 따르면 졸업한 후 취업준비를 위해 노량진에 있는 사람들은 그나마 버틸 수 있는 사람들이라고 합니다. 당장 어디에서 고용문제가 심각해지고 있냐면, 건설 투자가 꺾이면서 50대 일용직들 등이 한계상황에 몰리고 있습니다. 또 내수침체로 영세자영업자들이 한계상황으로 몰렸습니다. 농민들 역시 꾸준히 한계상황으로 몰려버렸습니다. 더구나 상황이 이런데 이명박 정권이 수도권 중심의 정책을 펴면서 지방경제가 한계상황으로 가고 있다는 겁니다.

조 그럼 지방의 대학생들부터 더 심각한 한계상황으로 갈 가능성이 크다고 보시는 건가요?

민 네. 2003년에서 2007년까지는 대학을 졸업한 학생들이 조금 더 좋거나 안정적인 직장을 얻기 위해 취업을 유예하는 상황이었습니다. 하지만 지금은 그나마 고용을 유지할 수 있는 공공투자 등이 2008년 이후에는 이명박 정부의 정책기조상 안 된다고 보고 있고, 신자유주의로 인한 사회적 압박이 강해지면서 그동안 고

> **❝**그 친구들이 노량진에서 취업준비를 1~2년
> 하는 것이 아닙니다. 상당수가 3년, 길게는 5년씩
> 취업준비를 하는 친구들도 많습니다**❞**

통이 집중되었던 20대를 제외하고도 다른 여러 집단에까지 전방위적인 압박이 가해지면서 사회적으로 아주 심각한 상황으로 갈 가능성이 크다고 봅니다. 어떤 임계점이 끊어질 가능성도 있다?

태 갑자기 더 끔찍한 상황을 이야기하시네요. 그런데 저는 노량진에 있는 취업준비자들도 굉장히 심각한 상황이라고 생각합니다. 그 친구들이 노량진에서 취업준비를 1~2년 하는 것이 아닙니다. 상당수가 3년, 길게는 5년씩 취업준비를 하는 친구들도 많습니다. 사실상 취업준비자가 아니라 장기 청년실업자입니다. 이제 경제침체가 길어지면서 이들은 더 오랫동안 실업상태로 취업준비를 해야 할텐데 도저히 사람이 버틸 수 있는 상황이 아니라고 생각합니다.

민 현대경제연구원 보고서는 이렇게까지 보고 있습니다. 비정규직 노동자들은 임금이라도 받지 않는가? 건설일용직이나 영세자영업자는 장사를 해도 적자고, 물가가 올라서 소득이 줄고, 소득 자체가 없어지는 거다, 그래서 한계상황으로 가는 겁니다. 단적으로 보여주는 것이 뭐냐면, 농민들의 자살이 폭증하고 있는 것, 두 번째는 촛불시위도 두 가지 양상이 있는데, 대도시 사람들은 주

로 신자유주의의 압박이 가해지면서 미래에 대한 불안감으로 나왔지만, 건설일용직이나 영세자영업자들은 현실의 고통으로 나선다는 겁니다. 그러나 이들은 이것을 촛불집회 등 사회적 분출로 풀기보다는 자살이나 사회적 도피로 푸는 경우가 많습니다. 위험하죠. 정리하자면, 경기가 호황인 상황에서는 더 안정적인 직장을 얻기 위해 청년실업 문제가 발생했지만 이후에는 말 그대로 일자리 자체가 없고 사회적인 압박이 더 심해져 위험한 상황으로 갈 가능성이 있습니다.

조, 태 아!

민 고용문제는 한국 경제 최대의 아킬레스건이고 최대 화두가 될 겁니다. 청년실업 문제도 마찬가지입니다. 그런데 10대와 20대가 어떻게든 이러한 사회적 구조를 바꾸지 않으면 한국 사회는 아주 이상한 사회가 될 겁니다.

조 경제는 앞으로도 계속 안 좋을 것이고 대학등록금마저 더 오른다는데, 교육부도 이미 4~5년 내에 50퍼센트 정도 더 오를 것이라고 보고 있습니다. 거기다가 고용이 더 악화된다면 2008년에 촛불집회를 통해 사회적으로 진출한 10대들이 대학에 들어오게 될 때도 지난 2003년부터 2007년까지 지금의 20대 후반들이 겪었던 우울한 상황이 또다시 반복되는 거 아닙니까? 또 한 번 지금 한국의 20대 후반처럼 버려진(?) 세대를 만들게 될 가능성이 큽니다. 지금 20대 후반이 버려진 세대처럼 지난 몇 년간 사회적으로 방치되었는데 지금 20대로 들어서려는 이들까지 이렇게 되면 한국 사회 자체가 굉장히 비정상적인 상황으로 갈 거라고 예상됩니다.

민 미안한 이야기지만 그럴 가능성이 크다고 봅니다. 작년에 있었
던 촛불집회의 상황은 뭐냐면, 과거에는 일부분, 특히 제가 볼 때
는 20대들에게 집중되었던 고통이 이제는 전 사회적인 고통과
압박이 되면서 일종의 저항이 일어나는 것이라고 볼 수 있습니
다. 이미 고용, 물가 등은 거리로 나서지 않으면 어떻게 할 수 없
는 상황입니다. 이런 상황을 예상한다면 현재 한국 사회의 구조
로서는 앞으로도 상당 기간 20대들의 문제는 주요한 의제로 다
루지 않을 가능성이 큽니다. 오히려 사회안정 측면에서 영세자
영업자나 건설일용직 등에게 선심성 정책을 펴는 한이 있더라도
20대들에게 특별한 정책을 펴지는 않을 것입니다.

조 최근 경제위기 상황에서 정부는 대졸초임부터 삭감하겠다고 나
서고 있는데 비슷한 맥락으로 읽히기도 하네요. 결국 사회운동,
그리고 20대들이 스스로 해결책을 마련하는 것밖에 방법이 없을
듯합니다. 앞에서 살펴본 대학등록금 문제도 그렇지만 청년실업
문제도 20대들 스스로 사회적으로 중요한 의제로 만들어내지 않
으면 현재의 한국 사회는 귀 기울여주지 않을 듯합니다. 그러나
문제는 현재의 20대에게 스스로 어떤 돌파구를 열어낼 역량이
존재하는가 하는 겁니다.

태 그런 면에서 사실 진보, 개혁을 표방하는 정치세력들이나 사회운
동 등이 20대들을 도와주어야 하는 것이 아닐까요? 현재 20대들
이 스스로의 힘만으로 이 문제를 해결하기에는 청년실업과 같은
문제는 너무 큰 문제입니다. 20대들이 여차저차 힘을 모아서 나
선다 하더라도 쉽게 해결되는 문제의 수준이 아니지 않습니까?

민 맞습니다. 그런 측면에서 20대를 둘러싼 청년실업 문제는 굉장히 전략적인 문제라고 생각합니다.

조 조금 다른 이야기일 수도 있는데 취업문제를 둘러싸고 벌어지고 있는 지금의 문제들이 계속된다면 대학 내에서도 굉장히 예민한 문제들이 발생하지 않을까 생각합니다. 지금은 겉으로 크게 드러나지 않지만 대학들 안에서 벌어지고 있는 예민한 계층 간이나 계급 간의 갈등, 예를 들면 부자 학생과 가난한 학생들 간의 갈등, 유학파와 토종(?)의 갈등들이 발생하지 않을까요? 왜냐하면 각 학생들이 처해 있는 계층이나 계급에 따라서 취업의 가능성이나 방향이 극적으로 갈릴 가능성이 점점 더 커지기 때문입니다.

민 더 깊이 고민해봐야 할 문제인 듯합니다. 대학 안에서 벌어지는 양극화와 구성원 간의 갈등은 현재 한국 사회의 수준에서는 참 예민하고 다루기 힘든 문제라고 생각합니다.

태 제가 보기에는 이미 대학 사회가 그런 문제들에 직면해 있습니다. 청년실업 문제가 계속 된다면 대학구성원 간의 갈등은 더욱더 심해질 겁니다. 이미 어느 대학을 가는가가 부자집이냐 아니냐에 따라서 극적으로 갈리고 있고, 다시 대학 안에서도 그 학생의 집안 경제력이 어디에 취업할 수 있는가에 상당한 영향을 미치고 있다고 생각합니다. 다양한 경험, 스펙 등을 쌓을 수 있으려면 당연히 경제력이 뒷받침되어야 하기 때문이죠. 지금 기업들이 바라는 인재도 마찬가지가 아닌가 생각하구요.

민 그런 면에서는 분명히 대학 안 구성원들 간의 갈등이 예민해질 가능성이 크다고도 볼 수 있습니다.

태 저는 학교에 다니면서 그런 일들을 너무나 많이 봐왔기 때문에 오히려 익숙합니다.

조 청년실업 문제를 논하다가 이야기가 잠시 다른 문제로 옮겨간 듯하지만 사실 청년실업 문제도 그렇고 조금 전에 지적해주신 문제들도 그렇고 한국 사회의 구조적인 문제와 밀접하게 연결되어 있는 문제입니다. 20대들에게 한국 사회의 구조라는 것은 구체적으로 취업의 문제로 와 닿는 것이니까요.

태 그리고 그것이 결국 친구관계 등에까지 파급되어 나타나는 것 같습니다.

조 여하튼 우리 사회가 이미 첨예한 계층 간의 갈등을 겪으면서 전체적으로 몰락해가고 있는 한국의 20대들에게 더 많은 관심을 가져야 하는 것은 확실합니다.

태 우리에게 관심 기울여주세요. 그렇지 않으면 나중에 다 같이 망하는 거잖아요?

민, 조 (웃음) 굉장히 공감합니다.

조 지금 20대가 겪고 있는 청년실업 문제를 해결하는 것은 향후 한국 사회의 미래와 직결되는 아주 중요한 문제라는 것에 다들 공감하시는 것 같습니다. 그리고 청년실업 문제가 현재 20대의 삶에서 아주 다양한 형태로 나타나고 있다는 것을 확인한 것도 중요한 지점인 것 같습니다. 앞으로 청년실업 문제의 해결 방향을 논의함에 있어서도 더 세밀하고 생활적으로 접근해야 하는 것이 아닌가 생각하면서 두 번째 이야기를 정리하겠습니다.

못 다한 이야기

20대를 희생양으로 삼는 비정한 사회

2009년은 제2의 IMF라고 불릴 만큼의 경제위기로 불안하고도 시끄럽게 시작했다. 실질적인 실업자가 이미 400만에 육박하고 있고 많은 기업늘이 구조조정의 압력에 직면해 있다. 정규직, 비정규직, 제조업, 서비스업 등을 가리지 않고 전 사회가 심각한 경제위기 속에서 탈출구를 모색하고 있다. 시행된 지 2년 밖에 되지 않는 비정규직 보호법이 오히려 비정규직을 해고하고 있고, 다시 비정규직을 대량으로 늘리려 하고 있다. 심지어는 한국 사회의 거의 유일한 사회 안전망인 '최저임금제도'마저 수정하려 하는 등 이명박 정부가 취하고 있는 경제위기 대응책들은 고약하기 이를 데 없다.

그러나 이명박 정부가 취하는 경제위기 대응책 중에서 가장 악랄한 것은 바로 20대들을 경제위기 탈출의 '희생양'으로 삼으려는 것이다. 바로 청년들의 '초임 삭감'과 10만 명에 이르는 '인턴세대[12] 양산'이 20대를 희생양으로 삼는 대표적인 정책이다.

지난 IMF 경제위기 이후에 한국 경제는 사실상 20대를 방치했다고 할 수 있다. 지난 10년 동안의 신자유주의 경제정책의 최대 피해자를 꼽으라면 노인, 여성 그리고 20대 청년들이다. 거칠게 정리하면, 기존의 정규직 노동자들을 비정규직으로 전락시키고 노인을 사회적으로 유기하고 여성들을 비정규직 중에서 다시 더 열악한 상황으로 내몰고 청년들은 말 그대로 방치해온 것이 지난 10년 동안의 한국 사회였다. 그 와중에 100만 명에 달하는 청년실업 문제와 연간 1000만 원에 달하는 대학등록금으로 인해 청년들은 수많은 고통 속에서 시달려야 했다. 문제는 제2의 IMF라는 2009년 경제위기 속에서 이 사회가 20대 청년들을 첫 번째 희생양으로 삼았다는 것이다.

지난 10년간 무차별적인 신자유주의 경제정책으로 인한 학습효과는 전 세대, 전 계층에게서 나타났다. 이미 최저임금을 더 깎겠다는 것이나 고용유연화라는 사탕발림으로 비정규직을 더 늘리겠다는 정책들에 대한 국민적 반대는 심각한 수준이다.

이명박 정부가 '불도저'라는 별명에 어울리지 않게 최저임금제도, 비정규직법 개악 등에 국민들의 눈치를 보며 이른바 '간보기'에 급급한 것도 국민들이 지난 10년간 신자유주의에 대해 톡톡히 학습했기 때문이다. 정규직이 중심이 된 노동조합들도 지난 10년간의 처절하고도 확실한 학습효과로 인해 결코 호락호락하게 넘어갈 분위

---

12   "10년 전부터 일본엔 프리터족(아르바이트를 전전하는 청년층)이 확산됐는데, 이제 우리나라도 비슷한 상황이 됐다." 한 공기업에서 인턴생활을 하고 있는 이진우(가명, 28) 씨의 자조 섞인 푸념이다. 졸업 후 임시직을 전전하고 있는 이씨는 자신을 '인턴세대(인턴 등 임시직을 전전하는 청년층)'로 규정하며 말을 이었다(《오마이뉴스》 2009년 3월 9일자, 선대식 기자).

기는 아니다. 이러한 와중에 이명박 정부가 들고 나온 방법이 바로 20대들을 희생양으로 삼는 것이다.

'편의주의적'이라고 비판하기에는 너무 잔인한 방법이다. 이미 대기업이나 공기업들 수준의 대졸초임을 받을 수 있는 청년들은 소수다. 고용의 약 90퍼센트를 차지하는 대다수 중소기업의 정규직 대졸초임은 사실 비정규직 노동자들의 수준을 크게 벗어나지 않는다.

이러한 상황에서 정부가 나서서 대기업, 공기업들을 중심으로 대졸초임을 깎으면 나머지 중소기업, 영세기업들의 대졸초임마저 더 하락시켜 사실상 전체 노동자들의 임금을 하락시킨다. 이 최대의 피해자가 이제 막 사회에 첫발을 내딛는 청년들임은 당연하다. 더구나 초임을 깎고 새롭게 만드는 일자리의 거의 100퍼센트가 10개월 이내의 '인턴' 일자리라는 것은 실업률 통계를 조작하기(?) 위해 20대들을 대량으로 '학살'하는 것이나 다름없다.

이미 한국은행의 보고서는, 20대 시절 약 1년간 실직상태에 있을 경우 향후 이 청년이 경험할 경제적 손실은 2억 8000만 원에 달한다고 한다. 더구나 이러한 손실은 이후에 세수감소로 이어져 국가 경제에 안 좋은 영향을 미친다고 분석하고 있다.[13]

현재 한국의 20대는 이미 다른 세대들보다 훨씬 불리한 조건에

13　한국은행 금융경제연구원의 보고서(박강우·홍승제, 〈최근 고용여건 변화와 청년 실업 해소방안〉, 2009.2)에 따르면 25세 청년이 약 1년 동안 실직상태에 있을 때 단기적으로는 3700만 원, 장기적으로는 약 2억 8000만 원의 경제적 손실을 보게 된다. 또 이러한 청년실업 문제는 인적자본 형성의 저해로 인한 성장잠재력의 훼손, 소득 및 세수 감소로 인한 사회적 비용의 증가를 가져온다고 지적하고 있다.

놓여 있다. 수천 만 원에 달하는 대학등록금으로 인한 빚을 상환해야 하고, 수년이 걸리는 치열한 취업경쟁으로 인해 결혼, 출산, 저축의 기회 등 많은 조건들이 더 늦거나 불리한 조건에 놓여 있다. 이러한 상황에서 초임이 더 낮아지는 것은 아예 회생불가능의 상태에 빠지는 것이나 다름없다.

게다가 새로운 일자리를 창출하는 것도 아니고 10만 명이 넘는 '청년인턴'을 대량으로 양산하는 것은 청년들의 정상적인 취업을 1년 더 유예시키는 것에 지나지 않는다. 2009년에 사회에 진출하는 청년들 중 10만 명의 취업을 아예 포기시켜버리는 것인데 이것은 당장 1년만 지나도 치명적인 결과를 초래할 것이다. 이 10만 명에 달하는 청년인턴들이 고스란히 청년실업자로 바뀔 것이기 때문이다. 내년이 되면 대학을 막 졸업하고 사회로 진출하는 후배들과 인턴생활이 막 끝난 선배들 간에 더 처절한 취업경쟁이 일어날 것이다.

정부야 경제가 회복되면 차차 해결될 것이라고 하지만 이미 10만 명에 달하는 청년들의 사회 진출이 '인턴'으로 인해 유예된 것은 회복하기 힘들 정도로 엄청난 사회적 손실을 초래한다. 만약 경제가 회복되지 않고 장기침체로 가게 된다면 그때는 걷잡을 수 없는 사태가 발생할 것이다. 몇 년 동안 계속해서 수십만 명에 달하는 인턴을 채용할 수는 없기 때문이다.

이런 상황이라면 내년, 내후년에도 대량의 실업자를 양산하지 않게 하기 위해서는 또다시 신규 일자리의 대부분을 '인턴'으로 뽑아야 한다. 이것이 몇 년간 지속되면 이러한 고용방식이 광범위하게 고착화하면서 전 사회적으로 청년층의 사회진출이 구조적으로 더 늦춰질 뿐 아니라 한국 노동시장의 고용의 질을 급격히 하락시키는 심각한 사태를 초래할 것이다. 따라서 '인턴세대'라는 신조어까지 만들어낼 정도로 대규모의 청년인턴을 양산하는 것은 노골적으로 현재의 20대 중후반들을 희생양으로 삼겠다는 것이다.

사실상 한국 사회는 지금의 20대들을 버렸다고 할 수 있다. 이들은 '버려진 세대' '방치된 세대'라고 할 수 있는데, 필자는 지난 10년간 우리 사회가 20대들을 고통 속에 방치한 것이 아주 고의적이었다고 생각하지는 않는다. 청년층의 고통이 유난스럽기는 했지만 노인, 여성, 비정규직 노동자 등 전 계층, 전 세대가 일정 정도 큰 고통을 받았고 그 와중에 우리 사회가 상대적 약자였던 20대들을 말 그대로 소홀히 함으로 발생한 문제라고 평가한다.

그러나 지금 굉장히 심각한 경제위기 속에서 이명박 정부가 추진하는 청년들에 대한 초임 삭감과 인턴세대 양산은 이들 청년들을 완전히 '사라진 세대'로 만들어버릴 것이 확실하다. 그것도 과거와는 다르게 아주 노골적으로 "너희 20대가 죽어줘야겠어!"라고 일방통보하는 것과 다름없다. 이것은 사실상 특정 세대를 '학살'하는 것이다.

이런 방식으로 사회적으로 학살당한 현재의 인턴세대가 향후에 이 사회에 어떠한 방식으로 대응할 것인가? 향후에 인턴세대들에게서 나타날 문제들로 인해 우리 사회가 감당해야 할 사회적 손실이 현재 청년들에게 지급해야 할 임금의 총액보다 몇 배는 더 클 것임은 확실하다.

대한민국 20대,
절망의 트라이앵글을 넘어

CHAPTER 03

절망의 트라이앵글 세 번째

20대에 대한 오해

20대의 탈정치화를 개탄(?)하는 수많은 말들이 오간다. 대통령 선거나 국회의원 선거 같은 선거가 있을 때마다, 사회적으로 거대한 저항이나 이슈가 터질 때마다 나타난다. 멀리 가지 않아도 매년 대학총학생회 선거의 저조한 투표율과 썰렁한 유세장의 모습을 보며 언론들은 가을마다 한 꼭지씩의 기사거리를 얻어가곤 한다. 이런 분위기는 2007년 대통령 선거가 끝나고 진보·개혁진영을 중심으로 절정에 이르기도 했다. 대선의 결과가 전통적으로 20대에게 상당한 지지를 받았던 진보·개혁진영의 참패였고 더구나 20대의 투표율은 역대 최하였으며 지지율마저 진보·개혁진영이 우위를 접하지 못했기 때문이다. 2008년 광우병 쇠고기 반대 촛불집회에서도 10대들의 과감한(?) 사회진출에 비교하면서 20대들의 침묵을 비판하는 것은 양식 있는 지성이라면 당연히 해야 하는 분위기가 조성되기도 했다.

그러나 정말 그러할까? 투표율만 가지고 이야기하기에는 한국 사회의 정치가 20대들에게 너무 실망스러운 것은 아닐까? 집회에 조직적으로 참여하지 않는 것만으로 20대들의 정치의식을 평가하기에는 현재의 집회문화나 집회이슈가 20대들의 현실과는 거리가 너무 먼 것이 아닐까? 혹은 지금의 20대가 너무 고통스럽기 때문에 거리로 나와서 사회적 발언을 할 여유도 없는 것은 아닐까?

　이면의 상황이이야 어떻든 표면만 보면 20대들은 상당히 탈정치화된 것처럼 보인다. 소비문화에 더 익숙하고 정치문제에는 그다지 관심 없어 보인다. 하지만 한국의 20대들이 때때로 보여주는 역동성은 매우 인상적이다. 지난 2002년 촛불시위가 그랬고 월드컵이 그랬다. 그리고 2008년 광화문에서 연일 벌어졌던 촛불집회를 주도했던 네티즌의 상당수도 사실은 20대들이다. 그럼에도 불구하고 20대들이 보수화되었다거나 탈정치화되었다고 이야기하는 이유는 무엇일까?

　20대의 탈정치화와 보수화에 대해 이야기하기에 앞서 이 문제가 한국 사회에서 어느 정도의 중요성을 가지고 있는지 짚어볼 필요가 있다. 많은 이들이 20대의 탈정치화를 비판하면서도 만약 그것이 사실이라면 한국 사회에 치명적인 아킬레스건이 될 것이라는 점을 잊고 있는 듯하다. 20대들의 탈정치화나 보수화를 비판하면서도 정작 그것을 해결하기 위한 노력은 하지 않는다는 의미다. 이러한 경향은 특히 386세대들에게서 많이 나타난다. 또 4.19세대들에게서도 나타난다.

　그런데 가만히 생각해보면 그 세대들이 잊고 있는 것이 있다. 386세대와 4.19세대들도 물리적 시간을 이겨낼 수 없다는 것이다. 세상이 어떻게 되든 시간은 계속해서 흐른다. 결국 지금은 사회의 주력인 듯한 386세대들도 뒷방 늙은이(?)로 전락할 시간이 곧 온다. 4.19세대들은 이미 386세대들과의 치열한 주도권 다툼 속에서 점차 역사의 뒤안길로 사라져가고 있다. 그러나 386세대 이후의 새로운 세대는 아직 보이지 않는다. 그것은 현재의 30대 초반이나 20대들이 한국 사회를 이끌어갈 새로운 세대로 인식되지 않는다는 뜻이다. 또 현재의 386세대가 과도하게 자신들의 사회적 영향력을 과시하는 사이에 정작 미래의 주역이 될 후대를 양성하지 않았다는 의미이기도 하다.

이런 상황에서 4.19세대나 386세대들이 20대들의 탈정치화와 보수화를 비판하는 것은 매우 무책임해 보인다. 왜냐하면 앞에서 살펴보았듯이 지난 20여 년간 그리고 1997년 IMF 이후 10여 년간 한국의 20대들을 절망의 구렁텅이로 몰아넣고, 20대들이 깊은 냉소 속으로 빠져들 때 그들을 외면한 것이 현재의 386세대들도 함께 살아가는 한국 사회였기 때문이다.

물론 386세대들도 변명의 여지는 있다. IMF 이후 불어 닥친 신자유주의의 광풍 속에서 살아남아야 했기 때문이다. 그러나 중요한 것은 결국은 같이 살아남아야 한다는 것이다. 자신들의 세대만 살아남고 미래의 세대들이 살아남지 못한다면 결국 본인들의 의도와는 다르게 386세대들이 20대들을 착취 또는 희생양 삼아 생존했다는 비판에 직면할 것이다. 최근 보수 언론들이 조성하는 세대 간 갈등의 담론들이 사실은 이런 방향으로 흘러가고 있는데, 매우 우려스러운 점이며 386세대들이 깊이 고민해봐야 하는 점이라 할 수 있다.

　최근 10대들은 촛불집회에 '함께 살자! 대한민국'이라는 구호가 적힌 피켓을 들고 나오곤 했다. 가슴 절절한 이야기다. 함께 살자! 대한민국. 그동안 우리 사회가 잊고 있던 아주 소중한 가치를 지금의 10대들이 들고 나왔다. 아마 20대들이라면 " '제발' 함께 살자! 빌어먹을 대한민국!"이라는 구호를 들고 싶지 않았을까? 그것은 지금의 20대들이 지난 10여 년간 겪은 소외와 고통의 방증일 것이다. 이제 20대들의 탈정치화와 보수화의 이면에 무엇이 있는지 살펴보자.

01 | 20대는 정말 보수화되었을까

🍃 2007년 대선을 통해 본 20대의 정치적 선택

2007년 대선이 끝나고 많은 사람들이 충격을 받았다. 주로 진보나 개혁을 자처하는 사람들이었다. 오랫동안 선거에서 불문율처럼 여겨졌던 '20대들은 상대적으로 진보개혁적'이라는 공식이 무참하게 무너진 것이다. 사태의 징후는 조금씩 나타나고 있었지만 그럼에도 결과는 매우 충격적이었다. 더구나 2008년 4월 총선이 끝난 후 20대의 정치적 무관심에 대해서 진보·개혁진영은 거의 패닉상태에 빠졌다. 정확한 통계는 나오지 않았으나 20퍼센트 정도로 예측되는 20대의 저조한 투표율에 대해서 어떤 의미 있는 분석도 나오고 있지 않다는 것이 그에 대한 증거다.

그러나 충격을 잠시 뒤로 하고 차분히 생각해보자. 어쩌면 2007년 대선, 2008년 총선에서의 20대들의 선택(그것이 기권이라는 무관심으로 표출되었다 하더라도!)에 대한 세간의 충격은 지난 10여 년간 끊임없이 제기되어왔던 '20대 보수화'라는 담론 안에서 형성된 허상에서 비

146

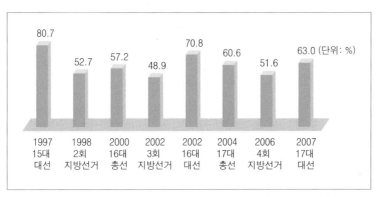

80.7   52.7   57.2   48.9   70.8   60.6   51.6   63.0 (단위: %)

1997	1998	2000	2002	2002	2004	2006	2007
15대	2회	16대	3회	16대	17대	4회	17대
대선	지방선거	총선	지방선거	대선	총선	지방선거	대선

[그림 3-1] 최근 주요 선거 투표율   ※ 자료: 2007년 대선 투표율 분석 보고서(중앙선거관리위원회)

롯된 것은 아닐까? 20대가 탈정치화, 보수화되었다는 계속되는 담론이 무의식적으로 우리에게 그런 반응을 보이게 한 것은 아닐까?

먼저 투표율을 차분히 살펴볼 필요가 있다. 필자는 20대의 저조한 투표율은 IMF 이후 변화된 한국 경제의 구조와 그 이후 진보·개혁진영이 걸어온 노선과 깊은 관련이 있다고 생각한다.

[그림 3-1]을 보면 투표율은 전체적으로 계속해서 하락하고 있는 추세다. 물론 국민들의 관심이 높은 대선의 경우 국회의원 선거나 지방선거보다 높은 투표율을 보이고 있으나 추세가 하락하고 있다는 것은 명확하다. 특이할 만한 것은 2000년에 치러진 16대 총선보다 2004년에 치러진 총선의 투표율이 높은 것인데 이는 당시 있었던 탄핵 열풍과 2000년 이후 급격히 보급된 인터넷을 통한 참여민주주의의 확대 때문인 것으로 보인다.

이제 지금까지 치러졌던 각 선거별, 연령대별 투표율을 확인해보자. 여기서 중요한 것은 20대 전반의 투표율과 20대 후반의 투표율의 차이다. 언론이나 사람들은 일반적으로 20대라고 통칭해서 부르지만 사실 20대 전반과 후반은 굉장히 다른 양상을 보인다. 여기에 20대의 정치적 냉소나 탈정치화를 읽는 중요한 지점이 자리 잡고 있다. 다시 각 총선과 대선에서의 20대 전반과 후반의 투표율을 살펴보자.

[표 3-1] 최근 주요 선거 연령대별 투표율 (단위: %)

	19세	20대 전반	20대 후반	30대 전반	30대 후반	40대	50대	60대 이상
2007 17대 대선	54.2	51.1	42.9	51.3	58.5	66.3	76.6	76.3
2004 17대 총선	–	46.0	43.3	53.2	59.8	66.0	74.8	71.5
2002 16대 대선	–	57.9	55.2	64.3	70.8	76.3	83.7	78.7
2000 16대 총선	–	39.9	34.2	45.1	56.5	66.8	77.6	75.2

※ 자료: 2007년 대선 투표율 분석 보고서(중앙선거관리위원회)

대선과 총선을 비교하면 투표율의 차이가 크게 나므로 총선은 총선끼리 대선은 대선끼리 선거가 치러진 시간대별로 분석해보자. 일단 2000년 16대 총선을 보면 20대의 투표율은 20대 전반과 후반의 차이가 약 5퍼센트, 16대 대선에서 2.7퍼센트, 17대 총선에서 2.7퍼센트의 차이를 보인다. 20대 전반의 투표율이 20대 후반보다 조금 높게 나오는 것을 확인할 수 있다. 20대 전반의 경우 남성들의 군 부재자투표가 있기 때문에 투표율이 더 높게 나온다.

그런데 흥미로운 점은 2007년 대선에서는 20대 전반의 투표율이 51.1퍼센트인 데 반해 20대 후반의 투표율은 42.9퍼센트로 8.2퍼센트 정도의 큰 차이를 보이는 것이다. 즉 17대 대선에서는 20대 후반의 청년들이 현저히 투표를 적게 했다. 20대 전반의 투표율은 16대 대선에서 57.9퍼센트로 당시의 30대 전반보다 6퍼센트 정도 낮기는 하지만 우려할 만한 수준은 아니다. 더구나 17대 대선 때 20대 전반의 투표율은 51.1퍼센트로 30대 전반의 51.3퍼센트와 거의 차이를 보이지 않는다. 오히려 19세 그러니까 대학 새내기들의 경우는 54.2퍼센트로 30대 전반보다 높은 투표율을 보이며 가장 진보적일 것으로 판단되는 30대 후반의 58.5퍼센트와도 큰 차이를 보이지 않는다.

간단히 정리하면 2000년 16대 총선부터 2004년 17대 총선까지 20대 전반과 20대 후반의 투표율은 20대 전반의 군 부재자투표라는 요인을 감안할 때 그 차이가 거의 나지 않지만 2007년 대선 때 갑자기 20대 후반의 투표율이 급격히 하락한 것을 확인할 수 있다.

시간의 흐름을 염두에 두고 분석해보면 더 흥미로운 점을 발견할 수 있다. 20대 전반은 20~24세, 20대 후반은 25~29세이므로 2002년 대선에서 57.9퍼센트의 투표율을 보였던 당시의 20대 전반(독자들의 이해를 돕기 위해 대학교 학번으로 표현하면 97학번부터 01학번까지다)들은 5년 후인 2007년 대선에서는 42.9퍼센트의 투표율을 보여 무려 15퍼센트나 하락했다. 이는 평균 투표율이 2002년 대선 때 약 70퍼센트에서 2007년 대선 때 약 63퍼센트로 약 7퍼센트 하락한 것의 두 배가 넘는 수치다.

참고로 2002년에 노무현 전 대통령을 열렬히 지지했던 20대 후반의 경우(92학번부터 96학번까지) 2007년 30대 전반이 되었을 때 55.2퍼센트에서 51.3퍼센트로 3.9퍼센트 하락하여 평균 투표율이 7퍼센트 하락한 것에 비하면 적게 하락했다. 마찬가지로 30대 전반의 경우도 2002년 64.3퍼센트에서 2007년 대선 때는 58.5퍼센트로 약 6퍼센트 하락에 그쳤다. 40대의 경우를 봐도 30대 후반이었을 때보다 평균 5퍼센트 정도 하락했고 2002년 당시 40대 전반이었던 사람들의 경우에도 5퍼센트 정도 하락했다고 계산하면 크게 하락했다고 볼 수 없다. 즉 20대 후반의 투표율이 급격하게 하락한 것이다.

2002년에서 2007년까지 5년의 시간이 흐르는 동안 20대 후반을 제외하고는 평균 정도의 투표율 하락만 보이는데도 20대 후반의 경우에만 평균을 두 배 이상 상회하는 하락률을 보이는 이유는 무엇일까? 이 5년 동안 당시 20대 전반에 해당하던 대학생들 그러니까 97학번부터 01학번에 해당하는 이들에게 무슨 일이 일어난 것일까? 우리는 이미 답을 알고 있다. 바로 앞에서 대학등록금과 청년실업 문제를 살펴보면서 확인한 사실이다. 바로 그 시기에 대학등록금과 청년실업이 심각한 사회문제로 등장한 것이다.

🥄 2002년에서 2007년까지 무슨 일이 일어났나

여기서 우리는 1997년 IMF 이후 한국 경제의 구조적 변화를 검토해야 한다. 2002년까지 상대적으로 진보적이었던 대학생들(20대 전반)이 2002년에서 2007년 사이 정치에 환멸과 냉소를 보이는 세대로 바뀌었다. IMF 이후 잠시 청년실업이 심각해졌다. 그러나 앞에서 살펴본 바와 같이 1999년 벤처열풍과 내수확대로 인해 청년실업 문제는 잠시 완화되었고 이는 2002년까지 큰 문제를 일으키지 않았다.

문제는 2002년이다. 2002년 6월 월드컵과 12월 대선이 끝나고 2003년이 되었을 때 한국의 내수경제는 마이너스로 가는 극심한 경기침체를 겪는다(바로 이 시기가 2002년 말 카드대란이 일어난 시기와 일치한다). 이 시점부터 그러니까 2003년부터 청년실업 문제가 심각한 사회문제로 언론에 오르내리기 시작했고, 결국 내수경제 붕괴와 노무현 정권의 신자유주의 정책의 추진은 2007년에 이르러 청년실업 100만 시대를 만들어버렸다. 또 2001년을 기점으로 하여 1997년

IMF 때문에 1999년까지 잠시 동결되었던 대학등록금이 물가상승률의 두세 배를 넘나들며 급격하게 상승하면서 대학등록금 문제가 대학 사회 최대의 갈등으로 등장했다. 따라서 2002년에서 2007년까지 대학생들은 청년실업 100만 명 시대, 대학등록금 1000만 원 시대가 도래하면서 계속해서 고통받았다고 할 수 있다.

등록금의 경우 이미 2002년부터 각 대학에서 나름대로 저항하기는 했지만 실질적인 등록금 동결이나 인하 등의 성과를 거두지는 못했다. 학생들의 등록금 투쟁이 가장 활발했던 시기는 2004년에서 2006년이지만 당시 사회운동은 이를 중요한 문제로 인식하지 못했다. 따라서 학생들의 투쟁은 상당히 고립된 가운데 결국 패배나 애매한 타협으로 끝나버리고 말았다. 청년실업과 등록금으로 고통받고 있던 대학생들은 말 그대로 사회로부터 방치되어버린 것이다. 그런데 그 와중에도 진보 또는 개혁을 자처하는 일부 언론들은 20대의 보수화 또는 탈정치화를 질타했다.

상황을 이렇게 놓고 보면 현재 20대 후반이 된 2002년에서 2007년까지의 대학생들을 급격하게 탈정치화로 몰고 간 것은 바로 386세대들이 주도했던 노무현 정권이라고 볼 수 있다. 아마 이러한 문제의식이 바로 우석훈 교수가 그의 저서 《88만 원 세대》에서 지적한 386세대와 20대의 세대 간 갈등이라고 할 수 있을 것이다.

사실 알고 보면 20대는 '기권'한 것이 아니다. 지난 10여 년, 짧게는 지난 5년간 그들의 문제를 외면했던 사회 전반에 대한 불신임에 투표한 것이다. 20대의 보수화니 탈정치화니 하는 허황된 담론보다 더 심각한 것은 그들이 사회 전체에 대해 보이는 환멸이다. 그리고 이것을 받아 안지 못하는 사회구조와 정치세력들이다.

🌙 20대에게 진보와 보수는 무엇인가

일반적으로 진보와 보수를 나누는 기준을 경제나 이념적인 성향 등에 두곤 한다. 경제문제에 있어서 자본주의의 모순에 부정적이면 진보나 개혁으로, 긍정적이면 보수로 분류하고는 한다. 뒤에서 살펴볼 통일에 대한 문제도 그렇고 외교관계에서 친미인가 반미인가라는 이분법적 구도로 진보와 보수를 구분하는 것이 일반적이다.

이러한 구분으로 본다면 현재의 20대를 진보적이라고 보기 힘든 것은 사실이다. 자본주의에 대한 부정적 여론이 가장 적게 나오는 세대가 20대이며 통일에 대해서도 가장 무관심한 듯 보이는 세대가 20대이기 때문이다. 현재 한국의 20대들은 정치적으로 민감한 문제들에 대해서 예민하게 관심을 두고 있는 것처럼 보이지는 않는다. 그렇다고 해서 한국의 20대가 보수화되었다고 규정할 수 있을까?

다른 측면에서 접근해보면 20대들은 굉장히 다른 모습을 보여준다. '권위주의'라는 측면에서 보면 어떻게 평가할 수 있을까? 현재 한국의 20대들은 분명히 그 윗세대들보다 훨씬 탈권위주의적이다. 한국의 민주화를 주도했던 386세대보다도 훨씬 더 탈권위주의적이다. 이것이 때로는 다른 세대들과 갈등을 빚기도 한다.

탈권위주의적이라는 것은 기본적으로 민주주의에 더 가까운 것이다. 대의민주주의가 제도화된 선거라는 공간에서 투표하지 않는다고 해서 이들이 민주주의에 덜 민감한 것은 아니다. 수평적인 관계 맺음에 더 적극적이고 익숙한 것이 현재 한국의 20대들이다. 따라서 소통과 논쟁에 더 익숙하고 이것을 당연하다고 여긴다. 현재의 절차만을 강조하는 대의제 민주주의가 이들의 수평적이고 적극적인 논쟁과 토론을 담아내지 못하고 있는 것이다.

오히려 현재의 20대들은 절차적 민주주의를 넘어 직접민주주의를 요구하고 있으며 이것은 매우 긍정적으로 봐야 한다. 정작 문제로 삼아야 하는 것은 현재의 제도권 정치를 비롯해서 기업, 행정기관 등의 조직들이 지나치게 '절차적 민주주의'를 강요하며 오히려 새로운 세대들의 '직접민주주의'라는 급진적인(?) 요구를 받아 안지 못하는 상황이다. 2008년에 있었던 촛불집회가 바로 이러한 상황을 매우 잘 보여주는 사례라고 할 수 있다.

또 20대들은 탈지역주의에 성공한 세대다. 40대가 돼버린 386세대까지만 하더라도, 아니 지금 30대 중반인 1990년대에 대학을 다닌 세대만 하더라도 지역주의에 대한 집착이 아주 강하게 남아 있다. 같은 고향, 같은 지역 출신끼리 모여다니며 밀어주고 당겨주는 문화는 민주화를 외쳤던 1980년대 세대, 1990년대 초반 세대들도 크게 다르지 않았다.

그러나 지금의 20대는 그런 경향을 완전히 탈피한 것으로 보인다. 그들은 정보통신과 교통의 발달로 지역주의를 극복해버렸다. 인터넷 공간에서 세계 여러 나라의 친구들과 소통하는 것이 일반적이며, 자기 친구를 소개할 때도 'A지역의 베프(20대들이 쓰는 베스트 프렌드의 줄임말), B지역의 베프' 등으로 표현한다. 자기와 같은 지역의 사람만이 가장 친한 베스트 프렌드가 아니라 지역마다 친한 친구가 있으며, 그들에게 다 평등하게 '베스트'라는 호칭을 붙이는 현재의 20대들에게 지역주의의 냄새는 쉽게 발견되지 않는다.

그리고 현재의 20대는 기본적으로 양성평등에 더 익숙하다. 동성애 등과 같은 문제에 있어서도 기존의 386세대들과는 비교가 되지 않을 정도로 진보적이다. 또 이주노동자나 문화적 다양성, 환경보호

등에 있어서도 그 어느 세대보다 많은 관심과 진보적인 입장을 보이고 있다.

사실 진보나 보수의 기준을 자본주의에 대한 근본태도, 통일이나 미국에 대한 입장과 같은 거대한 담론이 아니라 인권, 평등, 세계적 주제에 대한 관심 여부 등으로 옮긴다면 20대보다 더 진보적인 세대는 없을 것이다. 이렇게 보면 '20대가 보수화됐다'는 이야기들은 언론이나 학계에 있는 기성세대들이 진보적이라고 여기는 의제들에 대해서 현재 20대들은 보수적이라고 느끼기 때문에 나타나는 것이다. 오히려 현재 386세대 중에 20대들이 즐겨 쓰는 '팬픽'[1] 작가가 있는지 반문해야 한다. 현재 386세대 중에 학교 내 종교의 자유를 위해 퇴학을 무릅쓸 용기가 있는 사람이 몇이나 됐는지 반문해야 한다.

물론 자본주의의 근본적 모순이나 분단이라는 민족적 모순의 중요성이 사라졌기 때문에 이제는 인권, 양성평등, 동성애 등의 문제들에 대한 입장이 더 진보적인 기준이 된다는 것은 아니다. 그러나 진보나 보수라는 기준을 지난 1970~80년대 식으로 좁게 설정해놓고 한 세대 전체를 보수화되었다고 몰아세우기에는 근거가 너무 희박하다는 것을 지적해야만 한다.

20대들에게 현재 한국 사회에서 진보와 보수를 구분하는 기준이 과거처럼 미국에 대한 입장, 자본주의에 대한 입장 등으로 간단히 나누어지지 않는다. 반미를 이야기하더라도 권위주의적이라면 그

---

1   팬픽션의 줄임말이다. 주로 10대나 20대 초반에서 자신들이 좋아하는 연예인을 주인공으로 하여 쓰는 픽션인데 상당수가 동성애 코드를 담고 있다. 그러나 현재의 20대들은 이러한 것을 전혀 부담 없이 받아들이곤 한다.

는 보수적이다. 자본주의를 비판하더라도 그가 지역주의에 매몰되어 있다면 그의 주장이 20대들에게 별 감흥을 주지 못하는 것은 너무나 당연하다.

분단, 신자유주의와 같은 더 거대하고 예민한 정치적 쟁점들에 대한 한 세대의 입장을 그 세대가 보수적이다, 진보적이다 라는 식으로 단순하게 규정할 수는 없다. 이런 쟁점들은 시대상황에 많은 영향을 받을 수밖에 없기 때문이다.

현실사회주의가 존재하던 시기에 자본주의에 대한 정치적 입장은 오히려 더 명확할 수 있었다. 그러나 현실사회주의 국가가 거의 존재하지 않는 지금, 20대들에게 자본주의 체제는 일단은 수용해야 하는 것으로 여겨졌을 것이다. 최근 전 세계적인 경제위기 상황이 닥치면서 신자유주의에 대한 거부감은 20대에까지 확산되고 있다. 뒤에서 설명하겠지만 분단이라는 모순에 대한 입장도 마찬가지다.

이처럼 20대가 분단에 의한 모순이나 자본주의에 의한 모순에 덜 예민한 것은 그 시기의 역사적인 조건이나 시대상황, 분위기 등에 따른 것이지 20대가 특별히 덜 정치적이어서 생기는 문제라고는 볼 수 없다.

02 | 20대는 왜 '통일'에 관심이 없을까

　　20대들의 탈정치화 또는 보수화에 대한 비판 중에서 단골메뉴로 등장하는 것이 바로 '통일'문제에 대한 무관심이다. 이 역시도 상대적으로 통일문제에 유난히(?) 관심이 많았던 386세대와 비교해서 지적되는 측면이 강하다. 그러나 실제 20대들이 통일문제에 보이는 태도는 관심이 없어서라기보다는 새로운 판단기준을 가지고 있는 것으로 보인다. 즉 20대들이 가지고 있는 새로운 판단기준과 기존 세대들의 판단기준이 더 눈에 띄게 부딪히는 상황이 발생하는 것이다. 그렇다면 20대들은 통일문제에 어떤 판단기준을 가지고 있으며 그 판단기준은 어떻게 생겨난 것일까?

🌙 남자축구 남북 단일팀은 반대!
　여자축구 남북 단일팀은 찬성!

　　2006년 월드컵을 몇 개월 앞두고 한 인터넷 축구동호회에서 작은 해프닝이 벌어졌다. 그러나 매우 상징적인 의미를 가지고 있는 해프

닝이다. 한 네티즌이 지난 2002년 월드컵이 한일 공동개최였고 그 사이에 남북 간의 관계가 많이 발전했으므로 2006년 월드컵에서 남북 단일팀을 구성하는 것이 어떨지 글을 올렸다. 그러나 대부분의 네티즌들이 반대 입장을 보였다. 반대의 가장 큰 이유는 '전력 약화'다.

북한의 남자축구는 모두가 알고 있듯이 1990년대 이후 전력이 상당히 약화되었다. 그에 비해 남한의 남자축구는 2002년 월드컵에서 세계 4강에도 진출하는 등 매우 강해졌다. 따라서 남한과 북한이 남자축구 단일팀을 구성한다면 우수한 남한의 대표선수들이 대표팀에서 탈락할 가능성이 크고 이는 결국 전력이 약화되는 결과를 초래한다는 것이다. 매우 논리적이고 합리적인 주장이다. 기존 세대들이라면 남한과 북한이 한민족으로서 세계적인 축제에 단일팀을 구성하는 것에 대해서 '전력 약화'라는 현실적 근거를 가지고 반대하는 것을 쉽게 받아들일 수 없을 것이다. 그러나 지금 20대들에게 민족적 당위성보다 더 중요한 것은 잘하느냐 못하느냐다.

상대적으로 비교되는 것은 여자축구다. 그로부터 몇 개월 후 이번에는 다른 네티즌이 남한과 북한이 여자축구 단일팀을 구성해서 올림픽과 같은 세계대회에 나가는 것이 어떨지에 대해 의견을 올렸다. 그러자 대다수의 네티즌들이 압도적인 지지를 보냈다. 북한의 여자축구는 이미 세계 4강 정도의 전력으로 평가받고 있으며 아시아에서 중국과 함께 최강의 자리를 다툴 정도로 경쟁력이 있다. 반면 남한의 여자축구는 북한에 비하면 상대적으로 약체다. 따라서 남한과 북한이 여자축구 단일팀을 구성할 경우 확실한 '전력 상승'의 효과를 거둘 수 있다. 그렇기 때문에 남한과 북한의 여자축구 단일팀 구성에는 절대적인 찬성을 보내는 것이다.

상반된 결과를 보이는 이 두 사건을 보면서 알 수 있는 것은 현재의 20대들은 남한과 북한의 통일문제를 상당히 실리적이고 실용적으로 바라본다는 것이다. 통일이 되면 어떠한 것이 좋아지는가? 누가 이익이고 누가 손해인가? 한쪽이 일방적으로 손해를 보는 것은 바람직하지 않다는 인식이 강하게 형성되어 있다.

어떤 이들은 20대들이 통일이나 민족문제에 대해 보이는 이러한 이율배반적이면서도 실리적(?) 모습에 안타까움을 토로하기도 한다. 역사의식이 없어졌다고 비판하기도 한다. 너무 먹고사는 것에 이익이 되는 것으로만 판단하는 태도를 문제 삼기도 한다. 그러나 이러한 비판은 정당하지 못하다. 정작 한국 사회에서 먹고사는 것이 얼마나 중요한가를 이들 20대들은 10대 소년소녀 시절부터 배웠다. 그것도 매우 폭력적인 방식으로 배웠는데, 바로 IMF 때문이었다. 통일이라는 의제를 대중적으로 확산시키는 데 결정적인 역할을 한 386세대의 20대 시절과 지금 20대의 차이점은 바로 삶의 기반을 둔 경제상황이 다르기 때문이라는 것을 고민해야 한다.

통일이라는 단어조차 금기시되던 시절에 386세대들이 이것을 과감하게 주장하면서 사회 전반을 흔들어놓을 수 있었던 배경에는 무엇이 있었을까?

우선 1986년부터 1988년까지 지속된 3저호황(저유가, 저금리, 저환율) 속에서 한국 경제가 이미 상당한 수준으로 성장해가는 호황기였기 때문이다. 경제가 호황이면 사람들은 정치적인 문제에 예민하게 관심을 가지고 그런 이슈들이 사회적으로 확산되기도 쉽다. 그러나 현재 20대들이 10대 후반 또는 20대 초반을 보낸 1990년대 중반부터 2000년대 중반까지는 경제호황기보다는 경제불황기 또는 경제가 급

속도로 요동치는 불안한 시기였다. 이러한 시기에는 당연히 먹고사는 문제에 더 집중하게 마련이며 이러한 조건 속에서는 남북관계를 바라보는 시각이 기존의 세대와 큰 차이를 보이는 것이 당연하다.

두 번째 차이는 약 20여 년간 변해버린 사회 분위기와 물리적인 거리감이라고 할 수 있다. 386세대들은 1980년대 중후반 한국 사회에서 통일을 대중적인 의제로 확산시킨 이들이다. 더 멀리는 '가자 북으로 오라 남으로!' 등의 구호를 외치며 4.19 이후의 통일운동을 만들었던 4.19세대도 포함될 수 있다. 어쨌든 많은 가정에 이산가족이 있었고 친척 중 누군가는 먼 북쪽 땅에 살고 있다는 이야기를 설이나 추석 때마다 나누곤 했던 세대들과 지금의 20대들은 완전히 다르다. 이들에게 전쟁을 경험한 가족은 없다. 더구나 이산가족은 거의 찾아보기 힘들다.

또 통일이 사회의 민주화와 긴밀하게 연결되는 의제로 느껴지지도 않는다. 1980년대는 통일이라는 단어 자체가 금기였기 때문에 이를 이야기하는 것이 곧 사회의 민주화를 이야기하는 것으로 인식되기도 했지만 지금은 아니다.

🥄 20대에게 통일은 무엇인가

20대들이 통일문제에 실용적으로 접근하는 것이 기성세대 특히 진보·개혁진영에게는 불편할 수 있다. 더구나 최근 한국 사회에서 '실용'이라는 단어가 '신자유주의'라는 단어와 비슷한 의미로 쓰이니 더 그렇다. 그러나 20대들의 통일에 대한 실용적인 관점을 보수화라고 지적할 수 있을까?

여기에는 긍정적인 부분과 부정적인 부분이 함께 존재한다. 긍정적인 부분이라면 어쨌든 북한이 경제적인 낙후함이나 외교적 고립에서 벗어난다면 20대들의 통일문제에 대한 상대적 무관심은 상당히 개선되거나 오히려 더 진취적으로 나타날 가능성이 크다는 것이다. 부정적인 부분은 진보와 보수의 중요한 기준 하나가 모호해져버렸다는 것과 '민족적 당위성' 등이 약화되었다는 것이다.

한반도 남쪽에서 통일문제는 다른 사회문제들과 밀접하게 연관된 문제였다. 반통일세력이 곧 수구보수세력이었고 곧 독재세력이었으며 친일세력이었다. 그렇기 때문에 '통일이냐 반통일이냐'가 오랫동안 진보냐 보수냐를 나누는 기준으로 작용했다. 그런데 이것이 약화되면서 20대들을 진보와 보수로 구분하는 기준 하나가 모호해졌으며 기존의 통일을 주장하던 세력이 20대들에게 어필하기가 힘들어졌다.

'민족적 당위성'이 약화되었다는 것은 통일을 '한민족이기 때문에 당연히 해야 하는' 문제로 인식하기보다는 상호 간에 득이 되어야만 할 수 있는 문제로 인식한다는 것이다. 그런데 현재 20대들은 '한민족'이라는 인식이 상당히 약화되었다. 남한과 북한이 오랫동안 분단된 상황에 놓여 있었으며 최근 들어서는 더욱더 다른 형태로 발전하고 있기 때문이다. 이것은 매우 중요한 지점이다.

예를 들면 1970년대에 어린 시절을 보낸 386세대들은 대부분 가난에 대한 기억을 가지고 있다. 본인들이 가난하지 않았어도 주변 대부분이 가난했으며 일부 대도시의 경우에도 지방에서 상경하여 자리 잡은 사람들이 다수를 차지하고 있었다. 따라서 농촌공동체의 분위기가 서울 등 대도시에도 상당히 남아 있었으며 아파트에 산다고 해도 같은 동의 아파트 주민들끼리 다양한 공동체적 생활을 영위하는 것이 가능했다.

익숙한 가난 그리고 도시화 속에서도 남아 있던 농촌공동체적 분위기, 이 두 가지가 1980년대 중반까지만 하더라도 한국 사회의 주된 분위기였다. 그리고 이런 분위기에서는 정치적인 입장을 제외하면 오히려 정서적으로, 문화적으로 북한과 공감대를 형성할 여지가 있었다. 쉽게 이야기하면 그들도 가난하고 우리도 가난했기 때문이다.

그러나 1990년대 이후, 그러니까 이른바 세계화 이후 그리고 2000년대 이후는 어떻게 달라졌을까? 알다시피 북한은 여전히 가난이라는 단어와 익숙하고 사회분위기 역시 1980년대와 크게 다르지 않다. 물론 북한에서도 일부 지역에서는 도시적 문화 등이 나타나고 있으나 적어도 남쪽에서 보는 북한의 문화나 생활은 1970년대의 남한에 익숙한 가난이라는 단어와 직결되는 것이 사실이다.

그러나 1980년대 중반 이후 어린 시절을 보낸 지금의 20들에게 가난은 낯설다. 부모세대들조차 이미 대도시에 정착해버렸으며 도시문화에 너무나 익숙해져버렸다. 과거 부모세대에게 익숙했던 가난은 지방의 농촌에 가도 쉽게 찾아보기 힘들다. 가난한 문화는 지금 20대들은 전혀 느껴보지 못한 동화나 텔레비전 속 이야기다. 그 사이 남한은 너무나도 빨리 도시화, 자본주의화되었다. 그만큼 20대에게서는 북한과의 정서적 공감대가 상대적으로 약하게 나타날 수밖에 없다.

남한의 20대가 보기에 북한은 부모들 세대보다 더 옛날의 문화와 정서, 분위기를 가지고 있다. 북한이 줄기차게 주장하는 민족적 대단결이나 강대국들과의 외교에서 보이는 꼿꼿함 등도 남한의 20대들에게는 아버지, 어머니 세대들의 모습이다. 더구나 지금 남한에서는 그 아버지, 어머니 세대들마저 강력하게 자본주의화 · 도시화 · 물신화되고 있지 않은가? 게다가 지금의 20대들은 10대 시절에 그 꼿꼿하고 강해 보이던 부모세대가 1997년 IMF 당시 파랗게 질려가며 무너지는 것을 목도하지 않았는가?

이 정서적 괴리감을 극복하는 방법으로는 두 가지 길이 있을 것이다. 남한의 경제가 몰락하여 현재 북한과 비슷한 수준으로 돌아가든지 아니면 북한이 경제적으로 문화적으로 도약하여 새롭고 참신한 모습으로 비춰지든지 하는 것이다. 전자처럼 될 가능성은 극히 희박하므로 후자에 기대를 걸어볼 수밖에 없다.

결국 현재 20대의 통일에 대한 상대적 무관심 또는 실용적 태도가 변화할 수 있는가 아닌가의 핵심 변수는 향후 한반도의 정세 변화와 북한이 어디로 발전할 것인가 하는 점이 될 것이다. 좀 거칠게 정리하면 북한의 경제력이 어느 정도 수준이 될 것인가가 한국의 20대가 북한에 대한 입장을 변화시키는 주요한 조건이 될 것이다.

03 │ 이미 '세계'를 살고있는 20대

　지금의 20대를 말할 때 '세계화'라는 단어를 이야기하지 않을 수 없다. 지금의 20대는 아마도 '통일'보다 '세계화'라는 단어를 더 많이 듣고 성장했을 것이다. 그만큼 1990년대 이후 한국 사회에 불어닥친 세계화 열풍은 거셌고 그 열풍에 집중적으로 노출된 세대가 당시 청소년이었던 지금의 20대들이다. 그리고 1997년 IMF를 겪은 후, 세계화가 잘못된 건지 우리가 그에 조응하지 못한 건지 확실히 짚고 넘어가지도 못한 채 다시 신자유주의라는 생소한 단어에 익숙해져야만 하는 2000년대에 그들은 대학생이 되었다.

　그 와중에 수많은 가치관의 혼란과 긍정성과 부정성이 교차했다. 특히 세계화 담론은 어쩔 수 없이 보수진영 또는 신자유주의를 지지하는 세력들이 주도하는 담론이었고 그에 따라 일정 정도 보수진영이나 신자유주의를 지지하는 세력들의 영향권으로 빨려들어간 측면이 있다. 그렇다면 세계화 담론은 이후 20대에게 어떤 영향을 미칠 것인가?

김현종과 반기문이 롤모델인 20대

지금의 20대에게 세계화란 '국제적'이라는 말과 거의 동일어로 쓰인다. 현재 세계는 과거와는 다르게 국제적 관계가 더 다양해지고 중요해지는 시대다. 이것은 남한도 마찬가지다. 이미 중국산 제품들이 대다수고 대부분의 20대들이 해외여행이나 해외연수 등으로 해외를 경험하고 있으며 정보통신의 발달로 세계에서 무슨 일이 일어나고 있는지 신속하게 접하고 있다. 더구나 현재의 20대들은 미드(미국드라마), 일드(일본드라마) 등에 아주 익숙하다. 그들은 이미 세계화되고 국제화된 생활을 영위하고 있다.

따라서 자신들의 미래도 기성세대와는 다르게 세계라는 무대를 놓고 설계하는 경우가 많다. 대학을 진학할 때도, 세계화 속에서 전망이 있는지 고민하고 직업을 고민할 때도 문화를 소비할 때도 마찬가지다. 이런 측면에서 보면 1990년대 중반 이후 '세계화'를 곧 '신자유주의'로 인식하고 이에 적극적으로 맞섰던 현재의 진보진영이나 일부 개혁진영은 20대들을 매우 생소하거나 심지어 시대에 역행하는 세력으로 느꼈을 가능성이 크다.

진보진영이나 개혁진영이 보수진영과는 다른, 새로운 국제질서나 세계화에 맞서는 세계적 질서에 대한 담론을 특별히 제출하지 않았기 때문에 지금의 20대가 세계화를, 일단은 수용할 수밖에 없는 세계사적 흐름으로 인식하는 것은 당연하다. 따라서 문제는 어떤 세계화이며 누가 주도하는 세계화 또는 국제질서인가다. 이런 측면에서 고민해보면 기존의 진보진영이나 개혁진영은 상대적으로 한반도 차원에서의 문제인 통일 담론에는 적극적이었으나 새로운 국제질서라는 차원에서의 고민은 소홀했던 것이 사실이다. 이러한 상황을 대표적으로 보여주는 것이 20대들이 상정하는 자신의 롤모델이다. 과연 글로벌 시대에 20대들은 누구를 자신들의 롤모델로 삼고 있을까? 아마도 두 인물을 대표적으로 이야기할 수 있을 것이다.

한 명은 바로 김현종 전 통상교섭본부장으로, 주로 강남이나 특목고 출신 20대들의 롤모델이다. 그는 미국에서 대학을 나오고 주로 국제기구에서 활동했으며 결국 한국의 외교통상본부의 고위공무원을 지낸 인물이다. 지난 2006년 한미FTA 추진 당시 가장 많은 주목을 받은 사람으로서 재밌는 것은 한미FTA에 대한 찬반 여부를 떠나 많은 20대들이 자신의 롤모델로 꼽고 있다. 두 번째 인물은 반기문 현 유엔사무총장으로 노무현 정부에서 외교부 장관을 지냈다. 이미 서점에는 《반기문 총장님처럼 되고 싶어요》《반기문 유엔 사무총장처럼 키워라》 또는 그의 생각과 철학을 담은 저서들이 불티나게 팔리고 있다. 반기문 유엔 사무총장의 경우 특정 지역이나 소득계층에 관계없이 광범위하게 20대들의 주요 롤모델로 인식되고 있다.

주목해야 할 것은 현재의 20대가 국내에서 성공한 인물만이 아니라 국제적으로 활동하는 인물들을 롤모델로 삼고 있다는 것이다. 이미 세계화라는 담론에 익숙하고 직간접적으로 국제적인 경험을 하고 있는 20대들이기 때문에 자신의 롤모델로서 김현종, 반기문 등을 꼽는 것은 어색한 일이 아니다. 이것은 헬렌 켈러나 슈바이처 등의 위인전을 읽고 자란 기성세대가 가지고 있는 국제적인 인물들에 대한 호감과는 근본적으로 차원을 달리하는 문제다. 어떤 가치관과 철학을 가지고 살아가는가보다 어떤 무대에서 어느 정도로 활약하는가가 더 주된 관심사인 것이다. 왜냐하면 명백하게도 한국의 정치경제는 세계 질서에 민감하게 조응하고 있고 현재 한국의 20대들도 그것을 피부로 느끼고 있기 때문이다. 그 안에서 살아남을 수 있는 사람, 더 나아가 경쟁력(?) 있는 사람을 자신의 롤모델로 상정하는 것은 자연스러운 일이다. 앞에서 언급한 김현종 전 통상교섭본부장이나 반기문 유엔 사무총장은 특정 이념의 아우라 내에 있는 사람들이 아니다. 유능하고 국제감각이 있다는 느낌을 주는 사람들이다.

보수진영과 진보·개혁진영은 현재의 20대들을 쟁탈하기 위해 자신의 롤모델을 제시할 수 있을까? 아마도 양 진영 모두 20대들에게 적절한 롤모델을 제시하기 힘들 것이다. 보수진영이 내놓는 롤모델들은 20대들의 부모세대에게는 호감을 살 수 있어도 정작 20대들이 보기에는 너무 빠다(?) 냄새가 나거나 귀족적이다. 너무 미국적이고 귀족적인 느낌을 주기 때문에 거리감을 느낄 것이다.

반면에 진보·개혁진영은 세계화 담론에 맞서는 국제적인 롤모델을 아예 제시하지 못하고 있다. 아마도 티셔츠 그림으로 많이 팔리는 체 게바라가 그나마 20대 일부에게 어필하는 국제적 롤모델이 아닐까? 진보·개혁진영이 현재의 20대를 두고 보수진영의 신자유주의, 세계화 담론에 맞서 쟁탈전(?)을 벌이기 위해서는 그에 맞는 새로운 국제감각의 롤모델을 제시해야 할 것이다. 이미 한국의 20대들에게 세계화와 국제무대는 본인들이 살아가고 있는 현실이기 때문이다.

20대들의 롤모델이 없다는 것은 진보나 보수를 떠나서 모두에게 치명적인 부분이다. 어느 진영도 20대에게 어필하기 힘들다는 의미다. 또 한국 사회 전체로 생각해보더라도 매우 심각한 문제다.

또 한편으로 한국의 20대들은 2002년부터 발호된 새로운 민족주의로 인해 강한 애국심을 가지고 있는 것처럼 보인다. 그러나 그러한 애국심이 먹고사는 문제, 본인이 생존해야 하는 문제에서도 일방적으로 발현되리라 기대하는 것은 무리가 있다. 다시 한 번 강조하지만 1997년 IMF의 지옥과 같은 경험은 현재 한국의 20대들에게 깊은 트라우마로 남아 있다. 당장은 정의롭고 애국적이라도, 먹고사는 문제에 직면했을 때 이들에게 내재되어 있는 깊은 트라우마는 기성세대가 그렇게도 부르짖던 '조국'마저 포기하게 만들지도 모른다. 왜냐하면 이들은 현재의 한국 사회가 약육강식의 사회이고 그러한 구조 속에서 상대적 약자인 본인들이 살아남기가 쉽지 않다는 것을 직간접적 경험을 통해서 이미 잘 알고 있기 때문이다.

그렇기 때문에 이러한 사회구조를 바꾸고자 하는 세력들의 입장에서는 오히려 현재 한국의 20대들에게 훨씬 세련되고 현실 가능성이 있는 경제대안, 사회전망 등을 제시하는 것이 중요하다. 그렇게 하지 못하면 2002년 이후 20대들을 중심으로 발현되고 있는 새로운 민족주의는 극단적인 약육강식 구조 속에서 유실될 가능성이 크다.

중요한 것은 이런 시대 상황에서 현실성 있는 대안을 누가 제시하는가다. 특히 미래의 주역인 20대들에게는 당연히도 미래에 대해 현실적이고 세련된 전망과 이를 대표하는 롤모델을 내놓는 것이 중요하기 때문이다.

⟳ 변화하는 국제질서는 20대에게 어떤 의미인가

앞에서 현재의 20대가 통일문제보다는 국제질서에 더 관심을 표한다는 것을 지적했다. 그렇다면 그들은 지금의 국제질서에 대해 어떻게 느낄 것인가?

《민족주의, 우리들의 대한민국》의 저자인 민경우 씨는 이렇게 지적한다. "한 세대가 시대를 보는 관점은 그가 서 있는 역사적 상황에

구속될 수밖에 없다." 이 말에 따르면 현재 20대가 바라보는 국제질서는 1990년대 초 냉전이 끝나면서 2000년대 중반까지 17~18년간 지속되어온 미국 주도의 일극적 세계질서다. 이것이 한국의 20대에게는 당연하다고 생각되는 세계질서다. 따라서 20대가, 미국과 대등한 것은 좋지만 어쨌든 미국이 주도하는 질서 안에서 살길을 모색해야 하는 것 아니냐며 실용적(?) 외교관을 비치는 것에 기성세대는 당황할 이유가 없다.

386세대를 비롯해서 기성세대의 세계질서에 대한 인식은 1980년대 미소 간의 강력한 냉전구도 아래에서 형성되었기 때문에 미국만이 세계질서의 유일한 축이라고 여기지 않는다. 386세대를 비롯한 기성세대는 다른 구도가 얼마든지 가능하다고 여긴다.

그러나 지금의 20대들은 다르다. 그들이 청소년기에 세계를 인식하기 시작했을 때 세계는 이미 미국이라는 강대국이 일방적으로 주도하는 질서 속에 놓여 있었다. 따라서 지금의 20대들이 미국은 굉장히 강한 나라이며 미국이 만들어놓은 세계질서는 쉽게 깨지지 않을 거라고 인식하는 건 놀랄 일이 아니다. 20대들은 그 질서 안에서 남한이 발전했다고 생각하는 것이고 이제는 어느 정도 자기 목소리를 낼 정도의 지분을 확보했다고 생각하고 있다.

이러한 20대들의 세계정세 인식은 정치적 올바름을 떠나서 지난 20여 년 동안의 세계질서 그 자체였다고 봐도 무방하다. 따라서 일부 진보진영이 현재의 20대가 과거 1980년대 대학생들처럼 반미정서 등이 강하지 않음을 지나치게 확대해서 사고할 필요가 없다. 즉 현재의 20대가 특별히 친미적이어서(?) 또는 미국 문화에 익숙해서 세계질서를 미국을 중심으로 놓고 사고한다든지 하는 문제가 있는 것이 아니다. 지난 20여 년간의 세계질서가 미국 중심이었던 것이고 그러한 상황에서 자연스럽게 형성된 인식인 것이다. 다른 한편으로는 한국의 경제적 성장, 정치적 민주화 등으로 인해 한국에 대한 자부심이 유난히 커진 측면도 있다.

문제는 지금부터라고 할 수 있다. 2009년 이후 세계의 정치경제적 질서의 변화에 걸맞은 대안을 진보와 보수진영 어느 쪽에서 제시하는가가 관건이 될 것이다. 향후 국제질서가 미국 일방의 일극적 질서로 유지될 것이라고 보는 것은 현재로서는 넌센스다. 이미 2008년에 불어 닥친 글로벌 경제위기 속에서 미국 중심의 세계경제 질서는 상당히 무너지고 있다. 또 정치적으로도 유럽연합, 중남미, 동아시아, 중동 등 미국에 상대적으로 독립적이고 강력한 대항축들이 형성되어 있다. 현재 시점에서 보자면 각각의 축들이 얼마나 진보적인가 또는 대안이 될 수 있는가를 떠나 중장기적인 세계질서는 다극화시대로 갈 가능성이 훨씬 크다.

이것이 곧 미국이 몰락한다거나 동아시아 또는 남한, 한반도의 부상을 그대로 의미하지는 않는다. 그러나 미국은 경제적으로도 이미 세계 경제의 다수를 점하고 있지 못하며 군사력 역시 중국이나 러시아 등의 부상으로 일방적 힘을 행사하기 힘들다.

더 주목해야 하는 것은 유럽연합과 마찬가지로 각 지역에서 지역협력이 활발하게 진행되고 있으며 이것이 정치적인 협력으로까지 발전하고 있다는 것이다. 이미 중남미에서는 ALBA(미주를 위한 볼리바르 대안) 등 대안적 성격의 지역협력체가 구상되고 있으며 남미은행 등이 미국 주도의 세계은행WorldBank에 맞서 독자출범했다. 동아시아의 경제협력도 점차 가시화하고 있으며 세계 경제의 가장 중요한 축으로 중국, 일본, 한국, 대만 등이 주도하는 동아시아 경제가 주목받고 있다. 유럽연합은 이미 화폐 통합까지 이루어낸 상황이다. 중동 역시 곧 GCC(걸프지역 경제협력체) 출범을 앞두고 있다.

문제는 현재 한국의 진보·개혁진영, 달리 말하면 신자유주의나 미국 주도의 세계화에 반대하는 정치세력들이 20대에게 대안 모델을 제시하지 못하고 있다는 것이다. 대안이 없으면 대세로 보이는 것을 따라가게 마련이다. 게다가 진보·개혁진영은 향후 전개될 다극적 국제질서를 20대들에게 인식시키는 데에도 소극적이다. 이러한 국제질서의 변화 속에서 한반도나 남한에서의 정치적·경제적 대안을 제시하기보다 1980년대에나 유효했던 전통적 의미의 저항적 민족주의에 기대어 일국적 차원에서의 미래상을 제시하고 있는 것은 현재의 20대들에게 구시대적이라고 인식되기에 안성맞춤이다.

이러한 상황은 보수진영도 크게 다르지 않은데 보수진영은 자신들의 정당성을 유지하기 위해 최근 들어 반중감정 등을 효과적으로(?) 활용하는 것처럼 보인다. 이러한 반중정서가 20대들 사이에서도 상당히 확산되어 있는 것은 사실이다. 그러나 이것이 과연 바람직한가? 진보가 반미를 위해 저항적 민족주의에 기대어 있다면 보수는 친미를 위해 반중정서를 이용하면서 또 다른 민족주의에 기댄다. 물론 보수진영의 민족주의가 태생적으로 친일적이라는 치명적 한계 때문에 20대들에게 어필하지 못하는 것은 역사에 대한 평가가 얼마나 무서운가를 절감하게 하는 부분이기도 하다.

진보진영이 20대들에게 대안의 미래상을 제시하지 못하고 있다면 보수진영은 대안의 미래상을 부수고 있다. 원하든 원치 않든 한국 사회는 국제질서 속에서 더 많은 나라들과 더 많은 외국인들과

접촉하면서 살아가게 될 것이다. 더구나 현재의 경제위기가 지나가고 미국 주도의 일극적 세계질서가 약화되면 될수록 한국이 마주치고 대화하고 함께해야 할 나라들의 수는 더욱더 늘어날 것이다. 갑작스레 한국 사회에 등장한 인도 열풍이나 중남미 바람 등도 이를 반영하고 있다.

그러나 보수진영이 의도적으로 조장하는 수구적 민족주의는 한국 사회의 20대들이 새로운 나라의 구성원들과 소통하고 대화하는 데 장애물로 작용할 것이다. 잠깐의 이득을 위해 국가적으로 중요하고 장기적인 미래를 포기하는 결과를 낳는 것이다.

마찬가지의 문제가 보수진영이 단골로 들고 나오는 이주노동자 문제다. 보수진영은 이주노동자 문제를 불법체류자의 문제로 몰아가면서 의도적으로 국수주의적인 민족주의를 조장하고 이를 정치 공세나 내부단결의 방법으로 이용하기도 한다. 그러나 앞에서도 언급했지만 한국의 20대는 자신의 롤모델을 글로벌화된 세계정세 속에서 찾고 있다. 이러한 와중에 이주노동자 문제를 이용하여 국수적인 민족주의를 자극하는 것은 20대들에게 매력적이지 못하다.

문제는 20대들에게 있는 것이 아니라 그들에게 제시할 새로운 대안이 없다는 것, 미래에 희망을 줄 담론과 정치세력이 없다는 것에 있다. 진보진영의 입장에서 본다면 현재의 20대가 세계질서에 더 개방적이라는 것은 오히려 전통적 의미의 '국제연대'의 가능성을 열어준 것이다. 현재의 20대가 일국적 차원을 넘어 세계적 차원의 고민을 자신의 미래로 받아들이기 시작했다면 우리는 그들이 열정을 뿜어낼 무대를 만들어주어야 한다. 그것이 현재 20대들의 에너지와 긍정성을 사회의 긍정적 발전으로 수렴해낼 수 있는 방법이다.

20대의 통일관은 '다르다'

● **대담 참석자**

민경우(44살, 전 통일연대 사무처장)
조성주(32살, 저자)
윤태영(26살, 연세대학교 상경대학 졸업)

조 어쨌든 한국 사회에서 분단에 대한 이야기를 안 할 수가 없습니다. 대학등록금, 청년실업 문제가 한반도 이남에서의 자본주의에 의한 모순이라면 분단은 한반도 전체의 민족적 모순입니다. 현재 20대들이 분단이라는 민족적 모순에 대해 너무 관심이 없다는 사회적 비판들이 많습니다. 최근에 느끼는 거지만 지금의 20대는 통일문제에 '실용적'으로 접근하는 것 같습니다. 그러니까 더 이상 '민족적 당위성' 등으로 통일문제를 받아들이지 않는다는 겁니다. 나쁘게 이야기하면 실용적이고 좋게 이야기하면 현실적이라고 이야기할 수 있습니다. 이제 막 30대가 된 저만 하더라도 386세대의 통일에 대한 접근은 좀 감상적이라는 생각이 들 때가 있었습니다. 뭐 둘 다 장단점이 있을 듯합니다.

민 그런데 저는 젊은 세대들이 통일문제에 실용적으로 접근하는 것이 나쁘다고 생각하지는 않습니다. 최근에 드는 생각인데 현재 한반도에서는 민족주의가 두 개의 형태로 발현되고 있다고 봅니

> ❝ '함께 살자 대한민국' '국민주권 수호' 등은
> 새로운 형태의 민족주의의 발로고 이것은 상당한
> 정치적 의미를 가진다고 생각합니다 ❞

다. 원래 민족은 혈연과 언어라는 객관적 조건의 일치성도 갖고 있지만 민족공동체가 갖는 동일한 경험도 중요합니다. 그런데 남한과 북한은 오랫동안 분단상태에 있기 때문에 공동의 경험이 굉장히 약해진 부분이 있습니다. 따라서 서로의 감수성이 매우 다르게 나타나고 있습니다.

더 세부적으로 들어가보면 남한과 북한을 포괄하는 민족주의는 혈연과 언어에 기초하고 있는, 지금은 느슨한 형태의 민족주의고, 북한에는 '선군정치' 등의 단어로 표현되는 민족주의, 남한에는 자본주의화하고 정보통신화한 새로운 형태의 집단적 감수성에 기초한 민족주의가 있는 것으로 보입니다. 정리하자면 남한과 북한의 혈연과 언어에 기초한 상당히 '느슨한' 형태의 민족주의와 최근 촛불집회에서 보이는 남한에서의 새로운 민족주의가 있는 겁니다. 대한민국 민족주의라는 말이 학술적으로는 맞는지는 모르겠지만 '함께 살자 대한민국' '국민주권 수호' 등은 새로운 형태의 민족주의의 발로고 이것은 상당한 정치적 의미를 가진다고 생각합니다. 이것이 실용적이고 경제적인 것만은 아니라고 봅니다.

현재의 20대들이 통일문제에 실용적이거나 경제적인 문제로 접근하는 듯 보이는 것은 4~5년쯤 전의 특정한 역사적 시점에서 형성된 것입니다. 그러니까 북한이 경제적으로 취약해지고 남한의 자본주의적 발전이 가속화하면서 남한과 북한의 민족주의는 사실, 남한이 경제적으로 북을 어떻게 지원할 것인가로 나타났고, 김대중·노무현 정부의 통일정책도 주로 여기에 국한되었습니다. 또 정치군사적인 문제, 그러니까 북한과 미국이 '핵'을 둘러싸고 벌인 대결은 20대들에게는 느슨한 대치對峙기로 느껴졌기 때문에 앞서의 경제적인 부분이 강조되면서 형성된 통일관이라고 생각합니다. 따라서 오히려 이후에는 남한에서 강력한 정치적 의미를 담고 있는 민족주의가 등장할 가능성이 있다고 봅니다.

조 그러나 그런 정치적인 의미를 담고 있는 민족주의는 남한에만 국한되는 것 아닙니까? 이것이 통일이라는 남한과 북한을 함께 포괄하는 민족적 문제와 어떻게 연결된다고 보십니까?

민 386세대로서 그리고 1990년대 통일운동을 주로 했던 저에 대한 반성적 평가이기도 한데요, 어느 정도는 통일문제를 과대평가한 측면이 있습니다. 남한과 북한의 민족주의는 느슨한 형태로 장기간 지속되는 민족주의의 성격이 강하고, 남한에서는 '대한민국'이라는 형태의 하나의 민족주의가 강력한 에너지를 방출하면서 새로운 사회를 개척하는 것이 현재의 상황이 아닌가 합니다. 따라서 남한과 북한의 관계가 발전하거나 북한과 미국 간의 문제가 급격히 개선된다고 해서 남한에서의 정세가 급격히 발전하는 것은 아닌 듯합니다.

조 다시 질문 드리자면 남한과 북한의 느슨한 민족주의와 지금 한반도 이남에서 형성되고 있는, 광우병 쇠고기 반대투쟁에서 나온 구호가 보여주는 '함께 살자 대한민국'과 같은 새로운 남쪽의 민족주의가 어떤 방식으로 연결될 거라고 보시는 겁니까?

민 조금 당황스러울 수도 있지만 서로 연결되지 않을 수도 있습니다. 그러나 '소프트파워'와 '하드파워'가 있습니다. 북한이 주로 표출하는 정치군사적 민족주의는 핵이나 군사력 같은 하드파워에 기초하고 있습니다. 남한과 북한의 생활적 공감대나 정서 등은 소프트파워에 해당합니다. 결국 민족주의가 어떻게 표출되는가인데 북한이 강력한 하드파워, 여하튼 핵이라는 강력한 외교적 파워를 가지고 있고 이것이 향후 한반도에서 국방이나 외교문제까지 바꾸면서 큰 변화를 가져온다면 남한과 북한의 느슨한 민족주의와 남한에서 형성되는 새로운 민족주의가 연결되겠지만 그렇게 되지 못한다면 남한과 북한의 각각의 민족주의로 그칠 가능성도 있다고 생각합니다. 그렇게 되면 마치 오스트리아와 독일처럼 될 수도 있다고 봅니다.

조, 태 (웃음) 그건 굉장히 우려스러운 상황인데요?

민 우려스럽다기보다는 역사에서 필연은 없다고 생각하기 때문에 냉정히 이야기하면 이렇게 갈 수도 있다는 겁니다.

태 386세대인 선배님이 통일문제에 더 냉정하신 것 같습니다.

조 이렇게 가정해보죠. 북한이 지금 처해 있는 힘든 조건, 그러니까 경제적·정치적 고립 등을 나름대로 돌파하고 단기간에 어느 정도의 수준까지 도달한다면, 문화적인 감수성이나 정서의 부분은 여전히 오래 걸리더라도 남한과 북한의 경제적·정치적 연결은 어느 정도 가속도를 낼 가능성도 있지 않겠습니까?

민 저도 그럴 가능성을 높게 보는 편입니다. 북한이 현재 처해 있는 상황이 어렵지만 역사를 개척하고자 하는 의지가 워낙 강하기 때문에 어쨌든 남한과 북한의 역사를 그런 방향으로 끌고가려고 할 거라고 봅니다.

태 '의지'라고 하셨습니까?

민 그렇습니다. 그 '의지'가 매우 강력하기 때문에 북한은 나름대로 국제사회에서 자신들의 공간을 열어젖힐 가능성이 크다고 봅니다. 그때는 남한의 새롭고 진취적인 '함께 살자 대한민국' 같은 민족주의가 북한의 강력하고도 저항적 성격을 띤 민족주의와 만날 가능성도 있습니다. 여하튼 남쪽의 2002년 여중생 사망사건과 월드컵, 2008년에 표출된 생활과 공동체로서의 자각을 보여주는 새로운 민족주의와 북한의 조금 구식인 듯 하지만 강력한 정치적·군사적 의미의 민족주의가 어떻게 만날 것인가가 향후 한반도 통일문제의 가장 중요한 지점이 아닌가 합니다. 특히 지금 형성되고 있는 남한의 새로운 민족주의를 주도하는 것이 바로 10대, 20대들이기 때문에 더욱더 통일문제에 대한 인식을 세밀하게 할 필요성이 있다고 생각합니다.

조 정리하자면, 지금의 20대들이 통일문제를 경제적인 문제로 본다든지 실용적으로 접근하는 것이 꼭 나쁜 것은 아니며 이것은 역사의 특정한 시점에서 형성된 측면이 큽니다. 오히려 지금 남한

> **❝** 북한을 남으로 생각하지
> 않고 같은 민족이라고 생각하고
> 있기는 한 것 같습니다 **❞**

에서 10대나 20대들을 주축으로 해서 형성되는 새로운 민족주의가 향후 한반도 통일에 긍정적인 영향을 끼칠 가능성이 큽니다. 따라서 현재 20대들의 통일에 대한 반응을 너무 비관적으로 볼 필요는 없는 것 아니냐는 말씀이신 것 같습니다. 20대가 볼 때는 어떻습니까?

태 지금의 20대는 통일에 대해서 특별하게 입장을 내보이지 않는 것 같습니다. 좋지도 나쁘지도 않다고 본다랄까요. 북한에 대한 공포 같은 것은 별로 없습니다. 우리 세대, 그리고 좀더 아래 세대에게 북한은 대홍수, 탈북, 룡천사태 등으로 연상되는 것 같습니다. 또 통일을 반대할 이유는 없지만 굳이 반대하자면 내 생활에 위협이 될까봐 정도가 대다수 정서입니다. 그런데 저의 개인적인 생각을 말씀드리자면 남한과 북한 둘 중에서 북한이 굉장히 하고 싶어 하기 때문에 통일이 될 것 같습니다.

조, 민 웃음

태 한쪽이 별로 하고 싶어 하는 의지가 크지 않다 해도 또 크게 반대할 이유가 크지 않다면 하는 쪽으로 가지 않을까 하는 생각이 듭니다. 민경우 선배님의 말씀대로 국방이나 외교나 이런 부분이 열리면 상황이 충분히 달라질 수 있겠다는 생각이 듭니다. 북한이 불쌍하다는 생각은 많은데 특별히 나쁘게 생각하지는 않습니다. 또 다른 것은 몰라도 강단은 있다는 것도 인정하는 분위기입니다. 북한을 남으로 생각하지 않고 같은 민족이라고 생각하고 있기는 한 것 같습니다. 문제는 통일이 현재 자신들의 삶에 구체적으로 와닿지는 않는다는 것입니다.

민 덧붙이자면 어떤 세대의 감수성과 관점은 그 시대의 역사적 한계에 묶여 있을 수밖에 없다고 봅니다. '북한은 불쌍하고 경제적으로 못 산다' '통일은 해도 좋고 안 해도 좋다'는 관점들은 2000년대 초반 북미관계가 느슨한 대치국면에 있었고 김대중·노무현 정권과 북한과의 관계가 주로 경제적 지원을 중심으로 진행되었고 담론 역시 그러한 내용을 중심으로 확대되었을 때 형성된 것입니다.

태 그렇다면 지금 20대 이후의 세대는 굉장히 달라질 가능성이 있다는 겁니까?

민 객관적으로 이 사회가 어디로 발전할 것인가가 핵심적인 변수라고 봅니다. 미국 중심의 일극적인 세계질서가 무너져가고 다극적 세계질서로 가고 있기 때문에 향후에는 20대에게도 통일이 훨씬 현실적으로 다가오는 문제가 될 가능성이 있습니다. 통일 문제에 강력한 반대 동력을 형성하는 것은 현재 한국 사회에서 20~25퍼센트에 이르는 극단적인 반북세력입니다. 그런데 이 세력이 신자유주의를 한국적으로 수용하는 데 있어서 대학등록금, 부동산문제 등에서 보이듯이 천민자본주의라는 단어로 표현되

> **❝** 사실 한반도의 통일은 국제질서의
> 변화 속에서 오는 것일 테니 오히려 국제감각을
> 강조하는 것이 민족적 당위성을 강조하는 것보다
> 더 건설적인 방향이 아닐까요? **❞**

는 문제를 발생시킨 주범들입니다. 신자유주의를 극단적으로 몰아가는 세력이 이 20~25퍼센트에 이르는 반북세력이기 때문에 통일문제가 풀리는 것은 이들을 고립시키고 남한에서 새로운 사회를 열어가는 데에 매우 중요한 문제입니다. 따라서 통일문제는 생각보다 중요합니다. 20대도 통일문제가 중요하다고 생각하면 향후 남한에서 새로운 사회를 만드는 데 중요한 조건을 만들기 때문입니다.

조 사실 선배님이 말씀하신 그런 인식이 어쩌면 과거 386세대들이나 일부 진보진영에게는 지나치게 '실용적'이라고 비칠 수도 있을 것 같습니다. 확실히 '민족적 당위성'에 기초해서 우리가 한민족이기 때문에 통일해야 한다는 인식과는 거리가 있습니다. 여하튼 저는 그렇다면 지금의 20대에게 통일문제를 강조할 때 중요한 것은 오히려 '국제적 감각'이 아닌가 생각됩니다. 사실 한반도의 통일은 국제질서의 변화 속에서 오는 것일 테니 오히려 국제감각을 강조하는 것이 민족적 당위성을 강조하는 것보다 더 건설적인 방향이 아닐까요? 가끔 네티즌들을 보면 북한에 대

> **❝** 1980년대 말에 전대협과 같은
> 학생운동이 전개했던 '조국통일운동' 식의
> 이야기를 너무 많이 합니다. 사실 이런 것은 지금의
> 20대들에게 전혀 감흥을 주지 못합니다 **❞**

한 정치적 판단을 떠나서 향후에는 국제적으로 세계질서가 이렇게 갈 거니까 남한과 북한은 통일을 해서 함께 갈 수밖에 없다는 식의 논리를 많이 가지고 있다는 것을 느낍니다.

민 지금 그러한 정세인식이 현실화되고 있습니다. 최근의 곡물이나 유가 등의 글로벌 인플레이션 같은 것도 1980년대 이후의 미국 주도의 일극적 세계질서가 무너지는 신호라고 봅니다. 미국 주도의 일극적 세계질서가 깨지면서 글로벌 인플레이션과 에너지·식량위기 등이 오는 것이기 때문에 미국 주도의 일극적 세계질서에 안온하게 편입되어 있던 시기에 형성된 감각과 정세인식으로는 향후의 세계사적 변화를 쫓아가지 못할 겁니다.

태 동감합니다만, 그렇다면 현재 20대의 통일이나 한반도 전체에서 변화되는 민족문제 등에 대한 일정 정도의 무관심은 향후에 걸림돌이 될 수도 있다는 것처럼 들립니다.

조 저는 오히려 지금의 20대가 그러한 변화를 더 적극적으로 받아들이고 빠르게 수용할 가능성이 크지 않을까 싶습니다. 문제는 통일운동을 하거나 통일의 당위성을 주장하는 진영에서 현재 20대

에게 그런 변화의 단초를 제공하지 못하는 것이라고 봅니다.

태 너무 옛날이야기를 많이 합니다. 1980년대 말에 전대협과 같은 학생운동이 전개했던 '조국통일운동' 식의 이야기를 너무 많이 합니다. 사실 이런 것은 지금의 20대들에게 전혀 감흥을 주지 못합니다.

민 그런 면에서 탈미적·균형자적 감각이 중요할 거라고 생각합니다. 이명박 정부는 큰 착각을 하고 있는데 '한미일 동맹 강화' 등은 전혀 시대와 맞지 않습니다. 1990년대 중반 북한의 식량위기와 현재 북한의 식량위기가 다르게 나타나지 않습니까? 이미 국제역학이 많이 바뀌었습니다. 1990년대 중반에는 중국과 러시아에 미국과 맞설 수 있는 힘이 없었기 때문에 북한이 상당히 고립적으로 미국과 맞부딪쳤던 시기입니다. 그런데 지금은 상황이 다릅니다. 중국과 러시아의 파워가 1990년대 중반과는 다릅니다. 따라서 향후 국제질서는 다르게 갈 것이고 한반도의 통일문제를 받아들이는 인식도 다르게 나타날 것이라고 봅니다.

조 국제질서가 그렇게 변화하는 것이 대세라면 20대에게 저항적 의미로 통일문제를 제기한다면 조금 거리가 있을 수도 있을 것 같습니다. 저만 해도 '통일'은 곧 '저항'이었습니다. 통일을 하려면 열강을 몰아내고 미국에 저항해야 한다는 것이 기본적인 논리였습니다. 그러나 지금은 저항보다는 국제질서라는 전체 틀 안에서 한반도와 이남에 새로운 '대안'을 만들어가는 것에 좀더 무게중심이 실리는 것 같습니다. 물론 '저항'적 의미도 여전히 중요하다고 생각하지만 이것은 현재 신자유주의에 대한 세계적 저항

66 지금은 저항보다는 국제질서라는 전체 틀 안에서 한반도와 이남에 새로운 '대안'을 만들어가는 것에 좀더 무게중심이 실리는 것 같습니다 **99**

과 긴밀히 연결되는 것이기 때문에 한반도의 통일문제로만 따로 떼놓고 이야기할 필요는 없을 것 같습니다. 제가 민족적 문제를 너무 경시하는 것처럼 보일 수도 있겠지만, 어떤 한반도를 만들 거냐 어떤 사회를 만들 거냐 같은 것이 지금의 20대들에게 더 중요할 겁니다.

민 저항적 색채를 띤다는 것은 어떻게 보면 현실적으로는 어쩔 수 없다는 것의 방증일 수도 있습니다. 과거에는 그랬습니다. 협상 등으로 해결할 수 있는 현실적 힘과 조건이 안 되기 때문에 '저항'이라는 방식을 택했고 그런 색채를 띤 겁니다.

태 그렇게도 볼 수 있겠습니다.

조 그렇다면 지금의 20대 초반이나 10대의 감수성에는 그것이 더 적절할 것 같습니다. 저희 세대야 통일이 비장한 것이지만 지금의 20대에게는 발랄하고 희망적인 것으로 비춰지도록 하는 것이 더 적절할 듯합니다. 물론 미사일과 핵실험, 군사훈련이 난무하는 한반도를 둘러싼 정세에서 발랄함, 희망이란 단어는 좀 어색하긴 하군요.

민, 태 웃음

조 저는 정대세, 안영학 등으로 대표되는 북한의 스포츠에도 주목합니다. 문화는 정서적 차이가 좀 심한 편이지만 스포츠는 경기 방식도 똑같고 문화적 차이도 크게 드러나지 않으니까 오히려 북한의 스포츠가 발전하면 지금 10대, 20대들의 통일에 대한 생각에 긍정적인 영향을 미치지 않을까요?

민 북한이 어떻게 갈지 정확히는 모르겠지만 스포츠, 외교, 경제, 과학기술 등에서 일정한 역사적 성취를 이루어낸다면 통일에 대한 20대 중후반의 관점도 크게 바뀔 가능성이 있다고 봅니다.

조 20대 전반은 모르겠지만 이미 형성되어버린 20대 중후반의 통일에 대한 관점이 달라질 것인지는 사실 확신을 못하겠습니다. 오히려 이후 세대에 새로운 관점을 심어주는 것에 주력하는 것이 좋지 않나 하는 생각이 들기도 합니다. 제가 너무 비관적으로 보는 것일 수도 있겠습니다만…….

태 저는 그렇게 비관적으로 보지는 않습니다. 충분히 바뀔 여지가 있다고 생각합니다. 지금 20대 중후반의 통일에 대한 인식들이 특별히 보수적이라기보다는 20대 중후반의 주된 고민이 취업문제와 같은 경제적인 문제들에 집중되어 있기 때문에 상대적으로 비관적으로 보일 수도 있다고 봅니다. 오히려 현재 조건은 남한의 경제상황이 안좋기 때문에 역설적으로 인식의 전환이 더 커질 가능성이 있는 것 아닐까요?

민, 조 웃음

조 저는 최근에 들어와서, 그러니까 1990년대 중반 이후에 진보적 지식인들이 더 패배적으로 평가한 측면이 있었다고 생각합니다.

> **❝** 386세대의 감수성을 가졌던
> 사람들이 자신의 저항색 짙은 감수성에 지금의
> 20대가 호응하지 않으니까 문제를
> 더 패배적으로 본 것 아닙니까? **❞**

젊은 세대가 탈정치화되었다거나 방만하다는 식으로 생각하면서 지금의 20대들은 지난 386세대가 그렇게도 저항했던 민족적 모순인 통일문제에도 무관심하다는 식의 논리를 편 것 같습니다. 386세대의 감수성을 가졌던 사람들이 자신의 저항색 짙은 감수성에 지금의 20대가 호응하지 않으니까 문제를 더 패배적으로 본 것 아닙니까?

민 386세대든 인텔리든 자신들이 처해 있는 역사적 상황에서 형성된 관점으로 세상을 보는 것이기 때문에 그렇습니다. 과거 저항적 색채가 짙은 통일운동에서 형성된 관점과 방식들을 지금의 20대에게 적용하기에는 무리가 있습니다. 1997년 IMF 이후 20대에게 집중되어 있던 사회적 압박과 신자유주의의 피해가 지금처럼 전체 사회로 확산되는 상황에서는 통일에 대한 관점과 인식도 재구성해야 한다는 것에 동의합니다.

조 정리하자면 역사적 상황에서 달리 형성된 20대들의 통일이나 민족문제에 대한 관점을 과도하게 부정적으로 볼 필요는 없다고 봅니다. 현재 국제질서 등을 고려해보았을 때 이후 세대의 통일에 대한 관점이나 인식은 상당히 달라질 가능성이 있습니다. 그것을 더 건설적인 방향으로 가져가기 위해서는 오히려 한반도 이남에서 일어나고 있는 신자유주의에 의한 20대들의 과도한 고통 등에 더 주목해야 할 겁니다. 오늘 이야기에 함께해주셔서 감사합니다.

민, 태 네, 수고하셨습니다.

'생존'의 위협과 '생활'의 위협—
2008년 촛불집회에서의 20대

2008년 5월 2일 청계광장에 나갔다. 그날 분명히 무슨 일이 벌어질 거라는 예감이 들었다. 몇 만 명의 사람들이 촛불을 들고 있었다. 그때 받은 감동은 2002년 교보문고 앞에서 네티즌 수백여 명이 촛불을 들고 있던 장면을 처음 목격한 이후로 가장 강렬한 것이었다. 그러나 광장을 둘러보고는 아연해졌다. 대부분이 10대들이었다. 70~80퍼센트 정도가 여중고생들이었다. 그들은 그 자리에서 무대도, 마이크도 없이 자유발언을 하며 '거위의 꿈'을 부르고 있었다.

〈거위의 꿈〉
그래요 난, 난 꿈이 있어요
그 꿈을 믿어요, 나를 지켜봐요
저 차갑게 서 있는 운명이란 벽 앞에
당당히 마주칠 수 있어요
언젠가 난 그 벽을 넘고서

저 하늘을 높이 날을 수 있어요
이 무거운 세상도 나를 묶을 순 없죠
내 삶의 끝에서 나 웃을 그날을 함께 해요

촛불집회에서 20대는 어디에 있었나

지금은 다들 이야기하는 것이지만, 이명박 정부가 시행한 교육정책이 그들을 피곤하고 짜증나게 했고 거기에 광우병 쇠고기 문제가 불을 지른 것이다. 10대 소녀들이 불렀던 〈거위의 꿈〉은 '생활'이라는 공간에서 얼마나 강력한 정치적 에너지가 분출될 수 있는지를 보여준 좋은 사례다. 유모차를 끌고 나온 30~40대 주부들도 마찬가지일 것이다.

조금 상상력을 발휘해보면 10대들은 〈거위의 꿈〉의 가사와 같은 미래에 대한 '꿈'과 지금의 생활이 이명박 정부로부터 위협받았고 30~40대 주부들은 그들의 '꿈'인 아이들의 건강과 생활이 이명박 정부로부터 위협받았던 것이다.

그렇다면 20대는? 5월 중순까지 10대들의 과감한 진출이 사회적으로 이슈가 되면서 더불어 논란이 되었던 것은 '20대는 어디에 있는가'였다. 촛불집회에서 20대의 역할에 대해서는 굉장히 상반되고 혼란스러운 평가가 난무하다.

실제 집회현장에서 완강히 싸웠던 대다수는 네티즌들로, 그 중 상당수가 20대 후반들이었다. 이것만 보면 20대는 2008년 촛불집회의 당당한 주역이었다. 그러나 실제 같은 기간 대학에 가보거나 대학교에서 학생회 활동을 하고 있는 학생들을 만나 물어보면, 대학생들은 촛불집회에 직접 참여할 정도로 흥미를 느끼지 못하며 대학은 별 영향을 받지 않고 있다는 답이 주를 이뤘다. 이 상반된 현상을 어떻게 봐야 할까?

이 상반된 두 가지 현상을 더 세밀하게 살펴보자. 하나는 20대들, 특히 대학생들이 보이지 않았다는 것이다. 5월 중순까지는 실제로 집회현장에서 20대를 찾아보기 힘들었다. 이후 학생운동 진영을 중심으로 조직된 대학생들이 집회에 조금씩 보이기는 했으나 전체 집회의 규모에 비하면 의미 있는 숫자는 아니었다. 다른 하나는 20대 후반의 젊은이들이 '인터넷 동호회'의 이름으로 집회에 나오고 있었다는 것이다.

보이지 않았던 20대는 OO대학 총학생회 깃발을 들고 집단적으로 거리를 달리는(?) 20대였을 뿐이다. 그래서 누군가는 '네티즌' '아고리언'이란 이름으로 거리에 나온 20대 젊은이들을 보고 '88만 원 세대'의 거리진출이라고 이야기하기도 했다.

◟ '원더걸스'에 열광하고, '아고리언'이 되어 싸우는 두 얼굴

축제기간에 '원더걸스'와 '소녀시대'에 열광하는 그들과 촛불집회에서 네티즌의 이름으로 완강히 싸우고 있는 그들의 차이는 무엇일까? 20대 전반과 20대 후반의 차이일까? 하지만 지난 대선에서는 20대 전반이 더 높은 투표율을 보였고, 그에 비해 20대 후반은 정치적 냉소주의로 접어들고 있는 것으로 보였다.

두 가지 상반된 현실과 엇갈린 평가를 잠시 뒤로 하고 10대 소녀들과 30~40대 주부들에게 돌아가보자. 다시 말하지만 그들은 '생활'의 위협을 느꼈고 자신들의 '꿈'이 위협받고 있다는 생각에 과감하게 거리로 진출했다. 이것은 가능성이자 한계다. 가능성이라면 생활의 정치가 탄생했다는 것이고, 한계라면 생활의 정치가 한국 사회의 경제구조의 근본이나 제도 자체에 문제제기를 하는 수준으로는 나가지 못한다는 것이다.

그렇다면 20대는 생활에 위협을 느끼지 않는다는 말일까? 아마도 2008년 촛불집회에서 20대들의 상반된 행동을 이해하는 데는 이 부분이 중요할 것이다. 지금 한국의 20대는 생활의 위협이 아니라 '생존'의 위협에 놓여 있다. 그들은 이미 노무현 정부 5년 동안 생존의 위협 속에 놓여 있었다. 등록금 1000만 원, 청년실업 100만 명, 20대 비정규직 50퍼센트를 다시 언급할 필요는 없을 듯하다. 그리고 2008년 이명박 정부가 출범하고 나서도 그들의 생존의 위협은 달라지지 않았다.

자살과 도박으로 내몰리는 '생존'의 위협

'생활'에 대한 위협과 '생존'에 대한 위협 중 어느 것이 더 강력할까? 이를 이렇게 단순하게 비교하는 것은 무식한 일이고 바람직하지도 않다.

아마도 생존 위협에 놓여 있는 20대에게 광우병 쇠고기 문제란 생활의 문제와 검역주권이란 자주권의 문제는 일단 후순위로 여겨졌을 가능성이 크다. 따라서 그들이 현재의 절망(생존 위협 속에 미래가 보이지 않는 상황)을 해소할 탈출구로 예쁘장하고 어린 10대 소녀들로 구성된 '소녀시대'나 '원더걸스' 혹은 미소년들로 구성된 아이돌

그룹을 찾는 것은 그나마 건전한 표출방식이다. 촛불집회가 한창이던 6월 초에 일어났던 사건들은 20대들의 상황을 이해하는 데 도움이 될 것이다.

4층 빌라 옥상에서 자살기도자를 구하려던 경찰특공대원이 건물 아래로 떨어져 숨지는 안타까운 사건이 발생했다. 5일 오후 6시 30분쯤 부산 사하구 신평동 모 빌라 옥상에서 자살소동을 벌이던 인모(26) 씨가 설득하는 경찰특공대원 전모(35) 경장의 손을 붙잡은 채 14미터 아래로 뛰어내렸다(《세계일보》).

물품배달 중인 택배차량을 차채로 훔치는 이른바 '차떼기' 수법으로 억대 물품을 훔친 20대 남성이 경찰에 붙잡혔다. 이 남성은 인터넷 도박 자금을 마련하기 위해 범행을 결심했으며, 택배차량 운전기사가 시동을 켜놓은 채 자리를 자주 비운다는 허점을 노렸다(《노컷뉴스》).

PC 도박판에 빠진 20대 회사원이 출산한 아내 산후조리원 비용까지 날리자 편의점과 금은방을 돌며 강도행각을 벌이다 결국 쇠고랑을 찼다(《노컷뉴스》).

정모 씨(27세)는 "이 게임 하나 때문에 사람 인생 하나가 그냥 순식간에 망가지는 거죠"라며 구체적으로 자신이 한 게임 도박에 빠져들어간 과정을 밝혔다. 그는 "어느날 갑자기 10만 원이라는 돈으로 200만 원 넘게 돈을 딴 적이 있었어요. 그때 '이제 일을 안 해도 되겠구나. 이것만 잘하면 되겠구나'라고 생각해서 다니던 직장도 그만두고 이거에만 몰두했다"고 한다(PD수첩).

지하철 3호선 홍제역에서 20대 남성 손모 씨가 철로에 들어오는 수서행 열차에 뛰어들어 그 자리에서 숨졌습니다. 목격자들은 이 남성이 갑자기 소리를 지르며 열차로 뛰어들었다고 증언했습니다(mbn 뉴스).

지금 20대가 '생존에 대한 위협'을 해소하는 방식은 연예인에 대한 열광 말고도 자살, 도박중독과 같이 심각한 형태로 나타나고 있다. 이러한 현상은 40~50대 자영업자나 빈민층에서도 나타나고 있는데 실제로 현재 한국 경제구조에서 가장 고통받는 계층인 40~50대 자영업자들 역시 촛불집회에 큰 규모로 결합하지 않았다. 20대 대학생들과 같은 모습이다.

두 집단 모두 생존 위협을 느끼고 있다는 점에서 공통점을 지닌다. 이것은 굉장히 끔찍한 이야기다. 촛불이 화물연대 노동자들과 계급적 연대를 실현했다면 사실 20대들과도 연대를 실현할 수 있어야 했다. 문제는 그런 조건과 조직과 준비가 상호 간에 되어 있지 않았다는 것이다. 서두른다고 해결될 문제는 아니다.

🌙 촛불이 대학을 둘러싼 벽을 넘으려면

그렇다면 20대들은 왜 인터넷 동호회를 통해 집회에 나왔을까? 20대들에게 인터넷 동호회는 '생활'의 공간이었기 때문이다. '생존'의 공간에서는 모두 똑같이 88만 원 세대이고 등록금을 내고 갚아야 하는 상황이다. 20대들이 학생회의 깃발 아래 모이지 않았던 것은 학생회가 더 이상 그들의 생활의 공간이 아니었기 때문이다.

사실 현재 한국의 대학 사회에는 생활의 공간이 거의 존재하지 않는다. 학생회, 동아리를 생활의 공간으로 삼기에는 20대들이 너무 바쁘고 너무 힘들다. 하지만 언제 어디서든 접속할 수 있는 인터넷 동호회는 그들에게 생활의 공간이 되어주었다. 학생회와 인터넷 동호회의 간극이 어떻게 좁혀지는가에 따라 2008년에 일어난 촛불집회의 거대한 영향력이 대학을 둘러싼 거대한 '벽'을 넘을 수 있을 것인지, 없을 것인지 판명이 날 것이다.

우리가 깊이 고민해야 할 문제는 대학을 둘러싸고 있는 벽이 공권력이나 정권의 부도덕성, 민주주의 부재의 문제라기보다는 '자본'이라는 점이다. 그 자본에 의한 벽은 대학서열화 체제를 통한 계급재생산과 교육양극화일 것이다. 한국 사회에서 대학이란 사실 더 높은 계급이나 계층으로 올라가고 유지하기 위한 수단이기 때문이다. 따라서 우리 사회가 20대들과 대학생들을 사회발전의 동력으로 만들어내기 위해서는 대학 체제를 바꾸는 것이 가장 중요한 과제다.

촛불집회로 등장한 새로운 민주주의에 대한 담론이 대학으로 스며든다 해도 등록금, 청년실업 등의 문제로 표출되는 대학구조와 사회구조 근본에 대해 문제를 제기하고, 이를 내파시킬 수 있는 동력이 없다면 아마도 촛불은 대학의 벽을 넘지 못할지도 모른다. 현재 대학 사회에서 학생운동의 영향력이 급격히 하락한 상황에서 이러한 동력을 어떻게 만들 것인지도 진지하게 고민해야 한다.

어쨌든 2008년 일어난 촛불집회의 영향력은 한국 사회 곳곳에 도달할 것이다. 그 영향력이 긍정적이라면 그것이 20대들에게 도달하기 위한 물꼬를 터주어야 한다. 그리고 그것은 특정 정치세력이나 세대를 떠나서 전 사회가 함께 해야 할 것이다.

대한민국 20대,
절망의 트라이앵글을 넘어

CHAPTER 04

'절망의 트라앵글'을 넘어

01 | '절망의 트라이앵글'

앞에서 살펴보았듯이 현재 한국 사회의 20대는 굉장히 힘든 상황에 놓여 있다. 대표적인 문제는 연간 1000만 원에 달하는 대학등록금과 100만 명에 달하는 청년실업, 그리고 20대들을 무능하고 물질만능주의에 빠져 있는 정치적 무뇌아로 보는 사회적 편견들이다. 필자는 앞에서 지적했듯이 이 세 가지 문제를 20대를 둘러싼 '절망의 트라이앵글'이라고 부른다.

대학등록금과 청년실업은 한국 사회의 20대들을 힘들게 하는 객관적 조건이라고 할 수 있다. 그리고 그 다음에 언급한 사회적 편견은 일종의 이데올로기다. 사회가 20대들에게 강요하고 20대들 스스로 냉소 짓게 만드는 이데올로기다.

물론 20대들이 겪는 '절망의 트라이앵글'이라는 공포스러운 구조 말고도 한국 사회의 구성원들 모두가 공통적으로 경험하는 사회양극화와 신자유주의라는 거대한 구조의 문제도 심각하다. 그러나 우리가 주목해야 하는 것은 현재 한국 사회에서 벌어지고 있는 사회양극화의 고통이 어느 집단에게 집중되는가. 앞에서 살펴보았듯이 이러한 구조적 모순이 집중되는 집단은 바로 20대와 40~50대 비정규직 노동자, 자영업자, 그리고 노인들이다.

대통령 선거나 국회의원 선거 때 이 집단들이 누구를 선택하는가가 결국 선거의 승패를 좌우했다. 2007년 대선의 결과를 보면 노인들과 40~50대 비정규직 노동자, 자영업자는 신자유주의를 주장하는 보수진영으로 많이 기울고, 20대는 정치적 냉소주의로 대응하는 것으로 보인다.

현재 굉장히 복잡한 경제상황과 정치적 혼란(?) 속에서 이 문제가 앞으로 어느 방향으로 나아갈지는 쉽게 가늠하기 힘들다. 다만 40~50대 비정규직 노동자와 자영업자들은 경제상황의 호전 여부에 따라서 새로운 세력을 지지할 가능성이 있다. 그러나 정치적 냉소주의로 빠져들어가고 있는 20대는 앞으로도 더 깊은 냉소에 빠지거나 정치적으로는 완전히 고립된 세대가 될지도 모른다.

그렇기 때문에 지금 우리 사회가 주목해야 하는 집단이 바로 20대다. 지금 우리 사회가 20대를 절망의 트라이앵글로부터 빼내지 못한다면, 또는 그들 스스로 빠져나오지 못한다면 한국의 20대는 말 그대로 '사라진 세대'가 될 가능성이 있다. 정치적 혼란, 경제위기 등이 장기화할 경우 예민한 감수성을 지닌 젊은 세대들은 큰 영향을 받는다. 미국은 1930년대 경제대공황 시기에 젊은 시절을 보낸 세대를 '침묵하는 세대'라고 부른다. 극단적인 경제공황 속에서 자신들의 의견을 표현하기보다 생존하는 것에 익숙한 젊은이들이 만들어진 것이다. 일본의 경우에도 1990년대 초 버블붕괴 이후 젊은 시절을 보낸 세대들이 특정한 경향을 나타내기도 한다.

한국도 마찬가지다. 현재의 20대는 청소년 시절 IMF의 영향을 받고 20대 초반에 신자유주의의 확산으로 인한 등록금 폭등과 청년실업으로 고통받았다. 그리고 다시 20대 후반이 되었을 때 글로벌 경제위기 속에서 고통받고 있으므로 이들 세대는 매우 특별한 경향을 지닐 것이다. 그런데 현재 한국 사회가 이들을 계속해서 포용하지 못한다면 이들은 향후 사회발전의 주력, 생산과 소비, 문화, 그리고 정치의 주력이 되지 못하는 세대가 될지도 모른다. 바로 한국판 '사라진 세대'가 만들어지는 것이다.

절망의 트라이앵글 첫 번째 '대학등록금'

대학등록금 문제를 해결한다는 것은 한국 사회에서 대학의 구조를 근본적으로 바꾼다는 의미를 지닌다. 1년 동안 대학생들이 내는 등록금의 총액은 약 10조 원에 달한다. 이 정도의 액수가 매년 투여되는 구조를 바꾸기 위해서는 이를 대체할 재원을 확보하든가 국민 전체가 이 정도의 액수를 충분히 부담할 수 있을 정도로 잘살든가 하는 방법밖에 없을 것이다. 하지만 지금 당장 국가예산의 일부를 대학등록금 액수를 줄이는 데 사용하기에는 몇 가지 문제가 있다.

첫 번째는 한국의 대학교육 대부분을 사립대가 맡고 있다는 점이다. 90퍼센트에 가까운 대학들이 이미 사립대학교다. 사실 사립대학들도 정부로부터 예산지원을 받고 있긴 하다. 그러나 대학을 운영하기 위해서는 일정 정도의 등록금이 필요하고 그것을 정부가 다 책임지는 것은 형평성에 어긋난다.

두 번째 문제는 대학등록금 문제를 전 사회적인 문제로 인식시키거나 주요한 사회적 의제 중에서도 우선순위에 놓을 수 있을 만큼 해당 주체들의 힘이 크지 않다는 것이다. 즉 20대들의 정치적 발언권이 약하기 때문에 대학등록금 문제가 주요한 사회적 문제로 등장하는 데 어려움이 있다. 이 두 가지 문제를 해결하는 것이 대학등록금 문제를 해결하는 데에 있어서 가장 중요하다.

따라서 가장 중요한 것은 바로 20대들이 다른 세대들과 연대하는 것이다. 지금 사회의 주력은 40대들이다. 그리고 이들은 자신의 자녀들이 대학에 입학할 시기를 앞두고 있다. 이들과 연대해야 한다. 20대들은 본인들의 대학등록금 문제로 그리고 40대들은 곧 대학에 입학할 자녀들의 대학등록금 문제로 연대해야 한다. 더 이상 대학생들이나 20대들의 문제를 해당 세대들만의 문제로 인식해서는 안 된다.

그리고 대학등록금 문제를 20대들이나 대학생들만의 문제로 바라보는 사회적 시각도 바뀌어야 한다. 이것은 전 사회적인 문제이며 지금 한국 사회 구성원 전체가 겪고 있는 문제다. 대학진학률이 83퍼센트라는 것은 전 국민의 집에 대학생 자녀가 한 명쯤은 있다는 이야기다. 따라서 대학등록금의 문제는 20대 그들만의 문제가 아니라 전 사회적인 문제다. 그러기 위해서라도 다른 세대들과의 연대는 매우 중요하다. 나아가 곧 대학생이 될 10대들과의 연대도 고민해야 한다. 이 과정에서는 당연하게도 10대들의 최대 관심사인 대학입시제도의 개혁도 고민해볼 만한 문제다.

그 첫 번째 단계를 등록금 후불제Graduate Tax[1]로 접근해보는 것은 매우 의미가 있을 것이다. 물론 등록금 후불제가 현재 연간 1000만 원에 달하는 대학등록금 문제를 근본적으로 해결해주지는 못한다. 미래에 세금으로 되돌려줄 것이기 때문에 미봉책처럼 느껴질 수도 있다.[2] 그러나 등록금 후불제는 현 시점에서 20대들이 매우 유용하게 사용할 수 있는 전술이다.

먼저 국공립대학들부터 등록금 후불제를 도입할 것을 요구하는 것이다. 국공립대학들의 등록금 총액은 약 2조 5000억 원 정도이기 때문에 국가예산에서 어느 정도의 확보가 가능하다. 등록금 후불제를 시행하려면 초기에 국채를 발행해야 하는데 이 정도 규모의 국채는 현재 한국 사회가 충분히 부담할 수 있는 수준이다.

이것마저 부담스럽다면 국공립대 등록금의 절반 정도라도 등록금 후불제를 도입하면 된다. 국공립대학들이 후불제의 도입으로 등록금이 월등히 싸진다면 대학등록금이 지나치게 비싼 사립대학들에 비해서 상대적인 경쟁력을 갖출 수 있다. 이렇게 되면 사립대학들의 등록금이 계속해서 오르는 상황에서 국공립대로 진학하고자 하는 다수의 서민, 노동자 집안의 자녀들이 늘어날 것이다. 재정이 부실한 지방 사립대들의 경우 학생들과 부모, 교수들이 노력하여 준 국공립대학의 형태로 전환하고 후불제를 도입하면 대학 재정에도 월등한 이점이 생길 것이다.

일부에서는 등록금 후불제를 도입하더라도 비싼 등록금을 잠시 유보하는 것이므로 학자금 융자제도와 차이가 없다고 지적한다. 그러

---

1   대학졸업자들만 추가로 부담하는 세금이기 때문에 Graduate Tax(졸업생 세금)라 부르며, 호주에서는 대학졸업자들의 부담을 의미하는 고등교육기여금제HECS, Higher Education Contribution Scheme로 부르기도 한다. 스코틀랜드에서는 졸업생기부금제Graduate Endowment Scheme라고 한다.

2   따라서 등록금 후불제라는 단어보다는 졸업세라는 단어로 바꾸는 것이 더 낫다고 생각한다.

나 학자금 융자제도와 등록금 후불제는 명확하게 다르며 실제 20대들에게도 훨씬 유리하다. 왜냐면 등록금 후불제는 사실상 세금에 가깝기 때문이다.

정부가 보증만 했을 뿐이지 일반 시중은행들에 상환해야 하는 학자금 융자와 정부에 내야 하는 세금은 당연하게도 그 성격부터 달리한다. 세금은 매우 정치적인 것이다. 등록금 후불제로 인해서 대학 등록금이 향후 20대들이 감당해야 할 세금이 된다면 20대들은 각종 선거에서 등록금에 해당하는 세금을 두고 정치적으로 개입할 수 있는 여지가 생기는 것이다. 가령 대통령 선거나 국회의원 선거 등에서 '세금'을 내려달라고 정치적으로 요구할 수 있다는 것이다.

또 대학등록금 문제가 세금의 문제가 되는 순간 이것은 20대들만의 문제가 아니라 전 세대의 문제가 된다. 이것이 가장 큰 효과일 것이다. 정치는 표를 보고 움직인다. 그리고 결국 행정부의 예산을 어느 집단에게 더 배분할 것인가가 정치의 핵심적인 이슈다. 등록금 후불제가 도입된다면 바로 이 부분에서 20대들의 정치적 영향력이 강력하게 작용하도록 만들 수 있다. 그만큼 20대들의 단결력도 더 강해질 것은 당연하다.

또 다른 측면에서 본다면 현재 구조조정의 압력을 받고 있는 부실한 사립대학들을 등록금 후불제 네트워크에 포함시켜가면서 준 국공립화해나가는 것을 병행하면 현재의 비정상적인 대학교육 체제를 국공립대학과 사립대학의 균형이 맞는 체제로 차츰차츰 변화시켜나갈 수 있을 것이다. 물론 현재의 대학체제를 바꾸는 과정은 훨씬 힘든 과정이 될 것이다. 그러나 등록금 액수가 연간 1000만 원에 달하는 상황에서 등록금이 싼 학교를 선호하게 될 것은 당연하다. 그렇다면 등록금 후불제를 통해서 학생들이 더 선호하는 대학이 되는 것은 가뜩이나 재정적 압박을 받는 일부 부실 사립대학들의 입장에서 나쁠 것이 없을 것이다.

정부의 입장에서도 부실한 사립대들을 구조조정하면서 큰 사회적 갈등을 야기하는 것보다 등록금 후불제를 통해서 학부모와 학생들의 부담도 줄이고 정부의 영향력이 미치는 준공립대학이 생기는 것이 훨씬 이득임은 더 설명할 필요도 없을 것이다.

지금은 1980년대와 명백히 다르다. 지금의 대학생들은 1980년대의 대학생들처럼 사회적으로 '오피니언 리더'의 지위를 가지고 있지 않다. 사회적 영향력도 그만큼 축소되었다. 따라서 지금 처한 문제를 한 번에 해결해나가는 것보다는 다른 세대들과의 폭넓은 연대 속에서 단계적으로 해결해나가는 것이 더 유효하다. 세대 간 연대를 통해서 문제를 해결해나갈 수 있는 가장 시급하고도 해결 가능성도 높은 문제가 바로 대학등록금 문제임은 분명하다.

절망의 트라이앵글 두 번째 '청년실업'

앞에서 언급한 대학등록금 문제가 한국의 대학교육 체제와 밀접하게 연관된 문제라면 청년실업 문제는 한국 경제구조의 근본과 맞닿아 있는 문제다. 그만큼 이 문제가 해결되기에는 어려운 부분이 많다.

한국 경제가 근본적으로 바뀌지 않으면 청년실업 문제는 결코 해결되지 않는다. 그러나 현재 한국의 20대들이 아무리 앞장선다고 해도 한국 경제의 근본구조를 바꾸는 것은 불가능하다. 이 문제는 노동자, 농민 등 근로계층 전체가 달라붙어도 쉽게 바뀌는 문제가 아닐 뿐더러 첨예한 논쟁과 갈등을 동반하는 문제다. 물론 그렇다고 해서 '고용 없는 성장'이라는 말로 대표되는 현재 한국의 신자유주의적 경제구조를 바꾸는 노력을 포기할 수는 없다. 이것은 당연히 꾸준히 진행되어야 하는 문제이며 전 사회구성원에게 가장 중요한 문제다. 그러나 20대들의 문제에만 국한시켜 본다면 너무나 먼 이야기이기도 하다.

당장에 청년실업 문제가 조금이나마 해결되기 위해서는 900만 명에 육박하고 있는 비정규직 노동자들의 문제가 해결되어야 한다. 그러나 비정규직 문제가 해결되어야 청년실업이 해결될 수 있으니 20대 젊은이들에게 비정규직 철폐 투쟁을 해야 한다고 주장하는 것은, 당위성은 있어도 당장 20대들의 고민을 해결해주지는 못한다. 어떤 싸움이든 일단은 자신을 지켜낼 수 있는 작은 하나라도 갖추어야 시작할 수 있기 때문이다. 현재 한국의 20대들처럼 그 작은 무기 하나 갖추고 있지 못한 상황에서는 다른 계급, 다른 계층과의 연대에 소극적일 수밖에 없다.

따라서 청년실업 문제를 20대들이 해결해나가기 위해서는 지금 당장 할 수 있는 것부터 시작해야 한다. 그 노력 속에서 힘을 기르고 다양한 방식으로 자기 세대를 '보호'해나가는 것이 필요하다. 지금 청년실업과 관련해서 한국의 20대는 말 그대로 아무런 보호막 없이 전쟁터에 내몰려 있는 형국이다. 그렇지만 자신을 방어할 무기도 상대를 공격할 무기도 없는 가운데 경험마저 부족하기 때문에 늘 전투에서 패배하고 있다.

따라서 우선은 20대들이 자신들을 보호해줄 '성'을 쌓는 것이 중요하다. 현재 한국의 20대와 대학생들은 '인텔리'가 아니라 '노동자'에 더 가깝다. 대학진학률 83퍼센트의 사회에서 대학생 또는 막 대학을 졸업한 20대들을 인텔리나 특권층으로 보는 것은 넌센스다. 그렇게 놓고 본다면 그들을 보호해줄 성은 당연히도 '노동조합'이다. 노동조합은 노동자들의 권리와 이익을 보호하고 신장시켜가는 역할을 하는 조직이다. 20대들에게도 마찬가지다. 이들에게 청년실업 문제의 해결 또는 완화를 위해서 가장 필요한 것은 노동조합이다.

차분히 생각해보면 1980년대 말, 1990년대 내내 대학 내에서 학생들의 권익을 보호해주던 조직은 바로 '학생회'였다. 원래 학생회의 역할 중 첫 번째가 바로 학생들의 권익보호다. 적어도 대학 사회 내에서는 '조합'의 역할을 했던 것이다. 그러나 문제는 학생회는 대학 사회에까지만 영향을 미친다는 것이다.

청년실업 문제, 즉 취업이라는 노동시장에서의 문제가 등장하면 학생회는 더 이상 큰 도움이 되지 못한다. 지금 20대와 대학생들이 가장 심각하게 느끼는 문제가 바로 청년실업인데 이 문제에 개입하기에는 근본적으로 한계가 있는 기존 학생회의 문제가 많은 학생들을 학생회라는 공동체 조직으로부터 자연스레 멀어지게 만들었다.[3]

지금 대학생들에게는 대학이라는 공간을 넘어 자신들의 권익을 지켜줄 '조직'이 필요하다. 그리고 그것은 자연스레 '노동조합'의 형태를 띠는 것이 바람직할 것이다. 1990년대 말, 새로운 2000년대를 맞이하면서 수많은 대학 내 학생운동가들은 주로 과거 1980년대 전

---

3   사실 대학사회에서 '학생회'가 조합으로서의 역할보다는 '투쟁조직(?)' 또는 '선도적인 정치조직(?)'의 역할을 해야 한다는 생각을 심어준 것은 1980년대 한국 사회의 인텔리이자 특권층으로 대학을 다녔던 386세대들이다. 그리고 여전히 그러한 인식 아래 대학생들의 정치적 무관심(?)을 질타하는 세대도 주로 386세대라는 점은 인상적인 대목이다.

대협으로 대표되던 학생운동의 전통을 계승(?)하는 것에 대해 고민했다. 그러나 2000년대 이후 학생운동이 계승하고 배워야 할 것은 바로 '노동운동'이었다. 이미 당시에 대학생들과 20대들은 인텔리가 아닌 노동자에 가깝게 변화하고 있었기 때문이다.

한국 사회에서는 일반적으로 노동조합의 역할을 임금인상 등과 같은 생존권 문제에서 찾는다. 그러나 노동조합은 원래 굉장히 다양한 역할을 하며 그 종류도 굉장히 많다. 실업자도 노동조합원이 될 수 있으며 노동조합을 통해 최소한의 생계를 보장받거나 새로운 일자리를 구할 수도 있다. 본인이 비정규직이라 하더라도 노동조합을 통해서 정당한 권리를 회사에 요구할 수 있으며 임금인상이나 다양한 복리후생도 단체행동을 통해서 쟁취할 수 있다. 한국의 20대들이 새롭게 구성할 '20대 노동조합' '청년노동조합'도 마찬가지의 역할을 통해 20대들의 실업문제나 비정규직 문제 등을 해결해나갈 수 있다.

이미 일본에서는 2001년부터 '수도권 청년 유니온'이라는, 청년층을 대상으로 한 노동조합이 만들어져 있다. 일본 역시 1999년, 2003년도에 연이어 파견법을 개정한 이후 약 300만 명에 이르는 파견노동자들을 중심으로 청년층의 비정규직 문제가 심각해졌다. 파견노동자의 68퍼센트가 35세 미만 청년이라는 사실은 일본의 청년들도 한국의 청년들이 겪는 비정규직 문제를 비슷하게 겪고 있다는 것을 확인시켜준다.

일본의 청년 유니온은 노동상담, 구직활동, 청년들의 생활실태 조사, 그리고 정부에 청년들의 노동조건 향상을 요구한다던지 하는 다양한 활동들을 전개하고 있다. 최근 심각해진 일본의 비정규직 문제를 해결하기 위해 파견법을 개정해야 한다는 여론이 들끓고 있는

데 이러한 여론을 주도한 노동조합이 바로 수도권 청년 유니온이다. 심각해지는 비정규직 노동의 문제와 일찍부터 이에 대해 문제제기를 하고 청년들을 조직해왔던 청년층 노동조합의 활동이 맞아떨어진 것이다. 일본에 비하면 사회운동 세력이 폭넓게 존재하고 비정규직 청년문제가 더 광범위한 한국의 상황은 사실 더 좋은 조건을 갖추고 있다.

이미 20대들의 상당수가 비정규직인 한국에서도 비슷한 시도가 가능하다. '20대 노동조합' '청년노동조합'과 같은 조직으로 출발해서 수도권과 지방의 경계를 넘고 대학서열화라는 경계마저 넘어 20대 자신들을 보호하고 자신들의 권익을 신장시켜나가야 한다.

과거에 학생운동이란 것은 동세대 중에서도 대학생이라는 특권을 가지고 있는 사람들이 하는 것이었다. 따라서 자신들의 권익보다는 사회정의 등을 요구하는 것이 더 정당했던 시절이 있었다. 그러나 지금은 대학진학률이 83퍼센트에 달한다. 대학생들, 20대들이 자신의 권익을 보호하고 신장시키는 활동을 하는 것이 곧 사회정의이자 개혁이다. 한국에서는 산업별 노동조합이 노동운동의 미래라고 이야기한다. 그러나 산업이라는 구분을 넘어 한 세대가 노동조합을 구성하는 새로운 실험이 한국 사회에서 가능할 수 있다.

20대와 대학생들이 인텔리 특권층이 아니라 비정규직 노동자에 더 가까운 처지로 변하면서 20대 비정규직 문제, 청년실업 문제, 니트족 문제 등 수많은 문제들이 발생했다. 이 문제를 해결해나가는 과정에서 역설적으로, 한국 사회는 새로운 노동운동의 발전을 꿈꿀 수도 있다. 그리고 이러한 전망이 현실화한다면 청년실업 문제를 해결하고 전체 노동자들의 권리를 증진시키는 데 기여할 수 있을 것이다.

🍵 절망의 트라이앵글 세 번째 '20대에 대한 오해'

20대들이 가장 고통받고 있는 대학등록금 문제와 청년실업 문제만 놓고 보더라도 사회적으로 심각한 오해들이 존재한다. 예를 들면 등록금이 오르면 낸 만큼 학교가 돌려주지 않느냐는 질문이 돌아온다. 등록금을 많이 내면 낼수록 대학교육이 발전하고 본인도 혜택을 본다는 이야기다. 그러나 안타깝게도 지난 몇 년간 대학등록금이 두 배 가까이 오르는 동안 대학교육이 두 배로 좋아졌다는 이야기는 어디에도 없다. 오히려 학문의 깊이는 얕아지고 취업을 위해 학점이 잘 나오는 과목들에만 학생들이 몰리는 기이한 현상이 대학교육의 질을 낮추고 있다.

대학을 졸업한 학생이 취업을 하지 못하면 본인들 능력이 부족하다고 질타하면서 정작 대학은 졸업한 학생을 책임지지 않는다. 그 학생이 수천만 원의 등록금을 내면서 그에 상응하는 교육을 받았는지에 대해서는 답하지 않고 대학들은 늘 학생 개인에게 비판의 날을 세울 뿐이다. 청년실업 문제도 마찬가지다. 수많은 자칭 경제학자들이나 전문가들은 이구동성으로 청년들의 눈높이가 높은 것이 문제라고 한다. 하지만 이들은 눈높이를 낮추면 갈 수 있는 일자리가 있는지에 대해서는 명확한 답변을 하지 않는다. 무엇보다도 눈높이를 낮추어 들어간 직장에서 일해서 집을 사고 결혼을 하고 미래를 꾸려나갈 수 있는지에 대해서는 언급조차 하지 않는다. 그리고 앞에서 살펴보았듯이 20대들이 지나치게 탈정치화되었다는 것도 사회적 편견이다.

사실 대부분은 현재 한국 사회의 약자들 중 하나인 20대들을 겨냥한 무책임한 거짓말들이다. 20대는 자신들을 대변해주는 정치세력을 가지고 있지 못하다. 그렇기 때문에 이러한 무책임한 거짓말들이 사회 속에서 쉽게 퍼져나가고 어느새 20대 본인들도 마치 자신들이 그러한 것처럼 착각에 빠진다.

생각해보면 보수적 색채의 정당들은 20대보다는 50~60대에 더 관심이 많다. 개혁적 색채의 정당들은 당연히 20대는 자신들을 지지할 것이라고 착각한다. 진보나 개혁을 표방하는 정당들은 1990년대 후반 이후 이미 대학 사회에서 주도권을 상실해버린 '학생운동권'에 기대어 있을 뿐 더 많은 20대들과 소통하려는 노력은 하지 않는다.

300만 명에 달하는 대학생들, 더 넓게는 20대들을 대변하는 정책이나 정치활동은 선거 시기에 반짝할 뿐 평소에는 전무하다. 정치권의 20대에 대한 무관심은 20대들이 선거에 잘 참여하지 않기 때문이라고 비판하기도 하지만 사실 이것은 앞뒤가 바뀐 이야기다. 선거와 정치세력의 교체가 20대들에게 근본적 변화를 전혀 가져오지 못하는 상황이 20여 년 동안 반복된 결과다. 1987년이나 1992년까지만 하더라도 정치세력의 교체가 20대들에게 큰 영향을 미칠 수 있었다. 구체적으로는 대학생들에게 큰 영향을 미칠 수 있었다. 학문의 자유, 문화의 자유를 가져다줄 수 있었다. 그러나 지금은 그렇지 못하다.

02 | 세대 간 연대와 세대교체

　지금 한국 사회의 20대들이 스스로 행복을 찾아가기 위해서는 무엇을 해야 할까? 우선은 자신들을 둘러싼 수많은 거짓말들을 똑바로 보는 것이다. 그리고 이 사회가 현재 한국의 20대들을 어떻게 바라보고 있는지 정확하게 알아야 한다. 그리고 누가 그들을 도와줄 수 있으며 누가 그들과 함께할 수 있는지 찾아야 한다. 여기서 중요한 것은 기존 세대가 지금의 20대를 이해하는 것도 필요하지만 현재의 20대가 기존 세대를 이해하고 설득하는 것이 필요하다는 것이다.

　현재 한국의 20대를 둘러싼 문제들은 단순히 20대들만의 문제가 아니다. 지난 10여 년 동안 신자유주의로 인해 만들어진 한국 사회 전체의 문제다. 대학등록금 문제가 그렇고 청년실업 문제가 그렇다. 따라서 이 문제의 해결은 단순히 20대들만의 힘으로 가능하지 않으며 사회구성원 전체가 나서서 해결해야 하는 문제다.

　그렇게 보면 한국의 20대는 기존 세대들과의 갈등보다는 협력이 더 필요하다. 이 상호 간의 협력을 가장 크게 가로막고 있는 것은 아무래도 '소통의 부재'라고 할 수 있다. 기존 세대들은 지금의 20대들이 겪고 있는 고통과 문제들을 이해하지 못한다. 당연한 것이 기존 세대들은 신자유주의의 문제점을 이제 막 깨닫고 있는데 이 신자유주의로 인한 폐해를 가장 먼저 경험한 집단은 바로 현재의 20대들이기 때문이다. 시간차가 있는 것이다. 기존 세대들은 한국의 20대들이 그동안 굉장히 힘들었으며 그들이 처해 있는 상황이 매우 심각하다는 것을 이제 막 인식하기 시작했다.

그렇다면 20대들은 기존 세대들을 더 설득하고 이들과 함께 해야 한다. 대학등록금 문제에서는 이제 막 자녀들을 연간 등록금 1000만 원에 달하는 대학에 입학시켜야 하는 386세대들과 연대해야 할 것이다. 청년실업 문제에서는 똑같이 비정규직 문제를 겪고 있는 40~50대 비정규직들과 연대해야 할 것이다.

그리고 무엇보다도 중요한 것은, 현재의 20대가 자신들의 목소리를 사회적으로 의미 있는 목소리로 만들어내기 위해 자신들을 대변해주는 '정치세력'을 선택해야 한다. 더 정확히는 기존의 정치세력들을 변화시켜내야 한다. 그러기 위해서는 사실 까마득한 선배격인 386세대들과 싸워야 한다. 386세대들이 20대들을 착취해서가 아니라 세대교체를 통해서 지금 20대들의 목소리가 사회로 나와야 하기 때문이다. 물론 이를 위해 386세대들을 비롯한 기존 세대가 스스로 20대들에게 정치적 진출의 기회를 열어주어야 하는 것은 당연하다.

만약 386세대를 비롯한 기존 세대가 자연스런 세대교체 시기를 미룬다면 그것은 공멸의 길로 접어드는 것이다. 왜냐하면 상대적으로 약자인 20대들은 결국 사라진 세대가 될 것이고 386세대를 비롯한 기존 세대들은 현재의 사회구조를 바꾸어내기보다는 순응해버릴 가능성이 크기 때문이다. 사실 이러한 예측은 이미 현실이 되고 있는데 지난 노무현 정부가 실패한 주요 원인이 지지세력에서 젊은 층을 잃어버렸기 때문이라는 것은 의미하는 바가 크다. 마찬가지로 2008년 촛불집회에서 10대, 20대들의 문화와 목소리가 주류를 이루었던 것은 현재 사회변화의 주동력이 어디서 형성되고 있는가를 잘 보여주는 사례다. 현재는 모든 정치세력들이 앞 다투어 2008년 촛불집회에서 분출된 10대들, 20대들의 에너지를 받아 안으려 하고 있지만 잘 되지 않고 있다.

어느 순간부터 우리 사회는 물리적인 세대교체를 놓치고 있다. 대신 나이는 젊지만 실제 사고방식이나 행동은 기성세대인 극소수 일부만이 중요한 자리로 기용되는 문화가 전 사회적으로 퍼져 있는 듯하다. 공무원 사회가 그렇고 대기업들이 그렇다. 정치권도 다르지 않으며 가장 열려 있어야 할 시민단체도 마찬가지다. 이러한 현상은 어쩌면 각박해져가는 한국 사회에서 자신들의 마지막 기득권을 포기하지 않으려는 기성세대의 발버둥일지도 모른다.

물론 그들 역시 대책이 없는 현재 상황에서 피해자일지도 모른다. 그러나 그렇다면 그들도 지금의 20대와 과감히 연대해야 한다. 그래서 이후 세대들이 살아갈 사회를 바꾸는 데 일조해야 한다. 그것이 지금 한국 사회를 살아가는 책임 있는 어른의 모습이고 선배의 모습이다. 가장 고통받는 사람들과 연대하라는 것이 지금의 386세대들이 과거 20대 시절 금지옥엽처럼 간직하던 신념 아니었던가?

물리적인 시간의 흐름은 누구도 거스를 수 없다. 물러나야 할 때를 놓치면 결국 자신도 모르게 사회 발전의 장애물이 되어 있을 것이다. 그것은 정말 슬프고 불행한 일이다.

03 | 절망의 트라이앵글+ 글로벌 경제위기=?

　이 글을 집필하고 있는 사이에 세계적인 경제위기가 불어 닥쳤다. 많은 경제지들과 전문가들이 2009년부터 최소 2~3년간은 고통스러운 경제침체가 계속될 것이라고 전망한다. 누구는 지난 1997년 IMF를 능가하는 경제적 고통이 한국 사회를 강타할 것이라며 비관적 전망을 내놓기도 한다. 물론 이는 어쩌면 그간 브레이크 없이 질주해온 신자유주의 체제가 한 번쯤은 부닥칠 문제였을 것이다.

　지난 10여 년간 한국 사회는 신자유주의라는 괴물에 상처받을 만큼 받았고 그것이 사회양극화로 나타났다. 앞에서 짚어보았듯이 신자유주의로 인한 사회양극화의 최대 피해자들 중 하나는 바로 20대들이었다. 그들 중 특히 현재의 20대 후반, 대학교 학번으로는 97학번에서 01학번까지, 그리고 그 언저리의 세대들이 집중적으로 피해를 입은 당사자들이다.

　앞에서 바로 그 세대가 지난 2007년 대선에서 기권이라는 방식으로 자신들의 정치적 냉소주의를 표현했고 어쩌면 사라진 세대가 될

지도 모른다고 지적했다. 그러나 지금의 글로벌하고 충격적인 경제 위기가 20대를 둘러싼 '절망의 트라이앵글'이 강력하게 존재하는 상황에서 심화된다면 어떻게 될 것인가? 차마 상상하기도 끔찍한 일들이 벌어질 것이다. 아니, 사실은 한국 사회에서 이미 간간히 벌어지고 있는 사건들이 폭발적으로 증가하게 된다는 것을 의미하는 것이다. 그것은 바로 '묻지마 범죄'다.

지난 2008년 10월 한 사람이 고시원에 불을 지르고 불을 피해 뛰쳐나오는 사람들에게 무차별적으로 흉기를 휘두른 충격적인 사건이 있었다. 많은 언론들이 사회양극화 속에서 소외된 사람들이 경제위기와 사회불안 속에서 벌인 끔찍한 사건이라고 보도했다. 그리고 한국도 일본처럼 장기불황 속에서 나타나는 이런 묻지마 범죄가 빈번해지는 것이 아니냐는 불안한 예측을 하기도 했다. 그러나 우리가 주목해야 할 것은 그 범죄를 저지른 사람의 '나이'다. 그 사람의 나이는 이제 갓 서른이었다.

앞서 최근 한국의 20대들이 절망의 트라이앵글 속에서 도박, 자살 등의 반사회적 행동으로 내몰리고 있다고 지적했다. 그러나 그것보다 더 심각한 상황은 절망의 트라이앵글을 빠져나오지 못하는 20대가 IMF만큼이나 충격적이면서도 장기화할 것이라는 현재의 경제위기에 부딪혔을 때 벌어질 일들이다. 아마도 이러한 상황이 계속된다면 향후에 '묻지마 범죄'를 일으키는 사람들의 나이는 분명히 20대 후반에서 30대 초중반이 될 것이 확실하다. 앞서 말한 '사라진 세대'가 '복수의 세대'가 되어서 돌아올 가능성이 있다.

우리 사회는 20대 후반에서 30대 초반을 둘러싸고 벌어지고 있는 이러한 문제를 직시할 필요가 있다. 그 세대를 만든 것이 바로 지난

10여 년 동안의 한국 사회였기 때문이다. 그리고 소득 2만 달러 시대라는 환상이 글로벌 경제위기로 무너질 때 다시 한 번 이제 막 20대가 된 이들에게 벌어질 일들을 끔찍하더라도 직시해야 한다. 무섭게도 우리 사회는 바로 지금 막 20대 후반으로 돌입하는 세대들마저 '복수의 세대'로 만들어버릴지도 모른다.

지금 한국 사회가 경제위기 속에서 사회안전망 확충, 청년실업과 대학등록금 등과 같은 문제에 집중해야 하는 이유가 여기에 있다. 이것은 한 사회가 정상적으로 작동할 수 있는가 없는가의 절박한 문제다. 이미 약 5년 정도의 기간에 걸쳐 있는 소小세대를 극단으로 몰아넣은 한국 사회가 그 다음 5년 정도에 걸쳐 있는 소세대마저 이러한 상황으로 몰아넣는다면 이는 약 10년에 걸친 특정 세대를 통째로 버리는 것이다.

이런 사회가 선진국은 고사하고 아예 정상적으로 작동할 수 없는 사회가 되리라는 것은 너무나 뻔한 이야기다. 2009년 글로벌 경제위기로 인해 향후 몇 년 동안 고통스러운 경제침체를 겪게 될 한국 사회가 지금 가장 시급하게 해야 하는 일은 바로 청년실업과 대학등록금 문제 해결이다.

04 | 개척정신이 아니라 연대와 공감으로

지금까지 길게 현재 한국 사회의 20대들이 겪고 있는 고통과 그들을 짓누르는 몇 가지 사회적인 문제와 구조, 그리고 기성세대와의 갈등들을 다루었다. 그리고 그들이 얼마나 큰 고통 속에 놓여 있는지, 그 문제가 사실은 우리 사회가 현재 겪고 있는 그 어떤 갈등보다 첨예하고 예민한 문제라는 것을 짚어보았다. 결론은 그들의 고통을 이해해야 한다는 것과 그들 스스로 이러한 문제들을 제대로 인식하고 싸워나가야 한다는 것이다.

그러나 이렇게 정리한다고 하더라도 많은 사람들이 질문을 던진다. 그래도 어느 시대, 어느 사회에서나 젊은이들은 시대를 개척해나가는 존재가 아니었던가? 그들이 새로운 시대를 열어가지 못하면 한국 사회에 미래는 없는 것 아닌가 하는 질문이다. 그리고 그러한 질문 다음에는 지금도 한국의 20대가 무언가 새롭고 급진적인 어떤 내용을 가지고 시대를 선도해주기를 기대한다는 요청들을 마주한다.

그렇다. 어느 시대나 어느 사회에서나 젊은이들, 그리고 20대들이 사회를 새롭게 개척해가는 중요한 동력이다. 그들이 새로운 사회를 개척하지 않으면 사회는 정체되게 마련이었고 결국 새로운 세대들에 의해서 근본적으로 개조되어왔던 것이 역사다. 길지 않은 한국의 현대사에서도 우리는 수많은 사례들을 찾을 수 있다. 그래서 늘 젊은이들에게 선동적이고 급진적인 언사들을 쏟아낸다. 정치권도 그렇고 자본도 마찬가지다. 무언가 시대를 선도해야 바람직한 20대인 것처럼 수많은 질문과 TV 광고들이 포장한다. 때로는 20대들 스스로가 그렇게 주장하기도 한다.

그러나 그것은 역사를 길게 보았을 때나 가능한 하나의 경향성이다. 우리가 주목해야 하는 것은 지난 10여 년간 한국 사회에서 벌어진 충격적인 경험들과 그로 인해 지금의 20대에게 발생한 병리적이라고 할 수 있는 어떤 현상들이다. 길게 보면 결국 이러한 현상들은 사회발전의 바람직한 방향으로 수정되어가겠지만 비관적으로 보면 몇 년 간의 한 세대가 사라지는 경험을 하게 될지도 모른다.

다시 생각해보면 분명히 그렇다. 한 세대가 사라져가고 있다. 그리고 새로운 세대가 그 자리를 좀더 일찍 대체할지도 모르지만(그것이 지금 촛불을 들고 거리로 나오는 10대 소년소녀들일지도 모른다) 그렇다고 해서 사라진 그 세대들이 우리 사회에서 증발해버리는 것은 아니다. 한 세대가 모두 죽지 않는 한 그들도 어딘가에서 노동자로 서민으로 또 누군가는 중산층으로 살아갈 것이다. 그들 모두는 결국 나중에는 누군가의 아버지가 되고 누군가의 어머니가 될 사람들이다.

신자유주의적 논리인 약육강식의 논리가 일개의 주장이 아니라 과학인 것처럼 통용되는 현재 한국 사회에서 한국의 20대들이 가져야 할 정신이 과연 '개척정신'일까? 그것은 지난 근대화 과정에서

386세대들이나 일부 4.19세대들에게나 통용되는 정신일지도 모른다.

신자유주의의 문제점이 한국 사회를 뒤숭숭하게 만드는 지금, 개척정신과 같은 류의 사고들은 오히려 신자유주의적 이데올로기를 강화한다는 느낌을 강하게 준다. 무언가를 개척하기 위해 지금의 20대들은 계속해서 경쟁력(?)을 키워야 하며 개척자로 나서지 못하는 자들은 퇴출되어야 한다는 식의 논리가 펼쳐지기도 한다.

지금의 20대들에게 필요한 것은 과거 선배들이 택했던 '개척의 길'이 아니라 '연대와 공감의 길'이다. 개척정신을 가지고 시대를 선도한다는 식의 자부심은 과거 386세대들이 가졌던 생각이다. 386세대들이 처해 있던 역사적 조건, 경제적 조건과 지금 20대들이 처해 있는 조건은 명백히 다르다.

지금 20대들에게는 다른 이들보다 먼저 앞서나가며 시대를 선도한다는 식의 급진성이나 과감함이 필요한 게 아니다. 주변의 고통받고 있는, 동시대를 살아가는 친구들과 연대하고 결국 자신의 처지가 될지도 모르는 비정규직 노동자들과 연대하며 세계 어느 나라에서 겪는 고통과 차별에 맞서 연대하고 공감하는 정신이 필요하다.

다른 집단과 연대하고 공감하기 위해서 무엇보다 먼저 선행되어야 할 것은 바로 '소통'일 것이다. 일방적인 선전이나 선동보다 소통과 연대가 지금 20대들의 문화이며 오히려 이것이 신자유주의 시대에 가장 급진적인 방식이 될 수 있다. 과거에는 폭압적인 정치권력이 사회구성원들 간의 소통을 막아섰다면 지금은 신자유주의가 요구하는 약육강식의 무한경쟁이 막아선다. 그 안에서 가장 급진적인 것은 바로 '소통'을 통해 '공감'하고 '연대'하는 것이다.

20대를 막 빠져나온 30대가
20대를 시작하는 이들에게 보내는 편지

막 20대를 빠져나온 나는 숨을 고르고 있다. 그것은 누구나 그러하듯이 나의 20대가 너무 거칠었기 때문이고 이제 막 시작하는 30대의 10여 년이 쉽지 않을 것임을 직감하고 있기 때문이기도 하다.

내가 20대 초반이었던 시절 막 30대에 들어섰던 한 선배가 말했다. "20대 초반으로 돌아갈 수만 있다면 악마에게 영혼을 팔수도 있다……." 당시 그 선배의 그 말은 굉장히 절실하게 들렸고 당시 20대 초반이던 나는 나의 삶을 돌아보며 이렇게 소중한 20대 초반인데 열심히 살아야겠다고 다짐했다.

그러나 이제 나는 그렇게 생각하지 않는다. 내가 겪어온 20대, 그러니까 1997년 IMF와 김대중 정부의 탄생으로 시작해서 2007년 이명박 정부의 탄생으로 마감된 지난 10년이 나에겐 다시는 돌아가고 싶지 않은 10년이기 때문이다.

혹자들은 '잃어버린 10년'이라고 한다. 이는 한국 사회에서 지난 10년간 정권을 빼앗겼던 보수세력들의 주된 레토릭이다. 당황스럽게도 때로는 그러한 레토릭에 공감이 될 때가 있다. 나도 지난 10년 동안 잃어버린 것이 많았다. 아니, 정확히는 내가 잃어버린 것이 아니라 내 주변에서 사라져간 것들이 많았다. 따스했던 선후배 관계, 설레는 마음으로 서로를 탐하던 연애, 미래에 대한 근거 없는 자신감, 동료애, 기성세대와 사회에 대한 알 수 없는 전투적 분노 등. 그러나 지난 10년간 그러니까 누군가들이 말하는 그 잃어버린 10년 동안 그렇게 나와 친구들은 20대 시절 내내 그러한 소중한 것들이 사라지는 것을 목도하고 있어야 했다.

어리석게도 이제 와서야 지난 10여 년간 세상에 너무 일찍 순응하고, 변해버렸다고 내가 비난했던 선배들, 친구들, 그리고 후배들이 사실은 당시 얼마나 아파했었던 것인지를 깨닫는다. 그래서 더욱 더 지금의 20대들을 보는 것이 안타까웠다.

지금 어느 도서관에서 몇 번의 취업 실패에도 불구하고 스스로를 위로하며 공부하고 있을 누군가에게, 피시방에서 거리의 핸드폰 판매 가판대에서 아픈 다리와 몸을 토닥이며 아직 나에게 희망은 있다고 되뇌고 있을 누군가에게, 리포트와 시험과 학점경쟁에 치이면서도 불안한 미래에 대한 상상을 애써 머릿속에서 떨쳐버리려 하는 누군가에게 말을 건네고 싶다는 마음으로 글을 썼다. 그리고 고맙다는 말을 건네고 싶었다. 그리고 미안하다고 말하고 싶었다.

내가 무엇을 미안해하는지는 정확히 모르겠지만 지금도 많이 아프고, 앞으로도 많이 아파할지도 모르는 20대들에게 적어도 누군가는 '미안하다'는 말을 해야 한다고 생각했다. 그렇다. 누군가의 말대로 세상이 당신들을 버렸다고 속상해하지 말라. 사실 세상은 단 한 번도 당신들을 가진 적이 없었다. 이제 당신들이 당신들의 세상을 새로 만들어가야 할 때다.

독자를 먼저 생각하는 정직한 출판

시대의창이 **'좋은 원고'** 와 **'참신한 기획'** 을 찾습니다

쓰는 사람도 무엇을 쓰는지 모르고 쓰는,
그런 '차원 높은(?)' 원고 말고
여기저기서 한 줌씩 뜯어다가 오려 붙인,
그런 '누더기' 말고

마음의 창을 열고 읽으면
낡은 생각이 오래 묵은 껍질을 벗고 새롭게 열리는,
너와 나, 마침내 우리를 더불어 기쁘게 하는

땀으로 촉촉히 젖은 그런 정직한 원고,
그리고 그런 기획을 찾습니다.

시대의창은 모든 '정직한' 것들을 받들어 모십니다.

시대의창 WINDOW OF TIMES

분야   역사 / 문화 / 정치 / 사회

서울시 마포구 동교동 113-81 (4층) (우)121-816
Tel : 335-6125   Fax : 325-5607   sidaebooks@hanmail.net